구 름 의 남 쪽 , 운 남 보 이 차 의 세 계

중국에 차 마시러 가자

| 만든 사람들 |
기획 인문·예술기획부 | **진행** 한윤지 | **집필** 박홍관 | **편집 · 표지디자인** D.J.I books design studio

| 책 내용 문의 |
도서 내용에 대해 궁금한 사항이 있으시면
저자의 홈페이지나 J&jj 홈페이지의 게시판을 통해서 해결하실 수 있습니다.
제이앤제이제이 홈페이지 www.jnjj.co.kr
디지털북스 페이스북 www.facebook.com/ithinkbook
디지털북스 카페 cafe.naver.com/digitalbooks1999
디지털북스 이메일 digital@digitalbooks.co.kr
저자 이메일 whey@daum.net

| 각종 문의 |
영업관련 hi@digitalbooks.co.kr
기획관련 digital@digitalbooks.co.kr
전화번호 (02) 447-3157~8

구름의 남쪽, 운남 보이차의 세계

중국에
차 마시러 가자

———

글 · 사진
박홍관

행복을 저축하는 방법

보이차의 세계

중국을 경험한다는 것은 무척이나 막막한 일이다. 우리가 어떤 지식과 시각으로 문화 형태를 정하고 접근하는가에 따라 매우 다를 수 있다. 개별적인 문화로 비추어 보는 방법, 역사적으로 접근하는 방법, 철학과 사상으로 느끼는 문학적인 방법 등등 여러 가지 갈래가 있을 것이다.

중국 그리고 운남.

필자처럼 차를 중심으로 바라 볼 때 차의 조상이라고 할 지역은 중국이며, 그중에서도 운남성 밀림 지역에서 차가 시작되었다는 것은 이미 주지의 사실이다. 차(茶)를 빼고 이 지역을 설명할 수는 없을 것이다. 다만 차의 세계를 조망하다보면 차에 관계된 것이 아닌 사람들의 삶의 방식과 그들만의 문화를 간과하기 쉽다. 그들의 삶, 그들이 어떤 음식을 먹으며 어떤 곳에서 어떻게 살고 있는가, 그리고 더 나아가 그들이 만들어 놓은 도시와 삶의 풍경은 과연 어떠할까 하는 것은 아직까지 잘 표현한 글이나 기록이 보이지 않는다.

자연환경은 그 지역을 차의 명산지로 만들었다.

오죽하면 밀림이라는 표현을 쓸까. 정확히 말하자면 아마존 같은 밀림은 아니다. 운남의 밀림은 산과 함께 해발고도가 높은 지역에 있으며, 울창한 삼림은 아직 개발이 미치지 못한 자연 상태를 유지한 곳이다. 이 밀림에 차를 타고 갈 수 있을 것이라는 생각은 버리는 것이 좋다. 좁고 거친 길은 산악용 바이크로 가더라도 함정이 수없이 많은 곳이다. 그러다보니 자연경관이 수려한 곳이 차고 넘친다. 이러한 면도 운남을 다시 보는 문화적 지역적인 콘텐츠일 수 있을 것이다.

이 책에는 차에 대한 가장 많은 이야기가 담겨있고, 그보다 더 많은 그곳에 사는 사람들의 이야기가 들어 있다. 이 모든 것이 그들의 삶 속에서 어떻게 표현되고 있는지 알아보는 일은 실제 그곳에 살고 있는 소수민족과 연결된 문화 탐방기라고 보아도 무방하리라 생각한다. 만약 여러분들이 차와 관련된 기록물들에서 지금껏 차만으로 운남을 보아왔다면, 이 책에서는 운남의 살아 숨 쉬는 생명과 천혜의 대지를 느껴볼 수 있게 되기를 바란다.

박홍관

목차

02 차마고도와 서씽판납

1. 차마고도의 출발지 그리고 사람

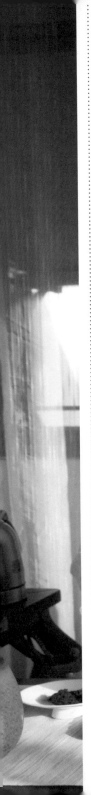

03 부록

1. 보이차의 이해

2. 다양한 보이차의 세계

에필로그

❉ 운남성의 인구 분포 ❉

　차의 고향 운남성의 지리적인 면을 소개하면 다음과 같다.

　운남성과 서쌍판납 맹해 지역을 살펴보면, 운남성은 중국 남서부에 위치하며 남쪽으로 북회귀선이 통과한다. 면적은 394,100㎢로 남북한을 합친 크기의 두 배 정도. 성의 북쪽은 고원지대로 티베트, 귀주성 등이 있고 동쪽은 광시 장족 자치구, 서쪽은 미얀마, 남쪽은 라오스, 베트남 등과 접하고 있다.

　남부의 저지대에는 아열대성 기후도 있으며, 북부의 고산지대에서는 아한대성 기후도 있어 다양한 기후대를 형성하고 있다. 이 때문에 다양한 동식물이 있으며 특히 원예 분야에서는 신종 화훼의 산지로 알려져 있다.
1월 평균기온은 8~17°C이고 7월 평균기온은 21~27°C다. 연평균 강수량은 600~2300mm이고 이 중 절반이 7월과 8월에 집중된다.

　운남은 민족 전시장이라고 일컬을 만큼 다양한 소수민족이 살고 있다. 중국 정부에서 공인한 55개의 소수민족 중 25개 민족이 운남에 살고 있는데, 운남 전체 인구는 2016년 기준 4,800만 명 정도이며 그중 소수민족은 1,800만 명 정도다. 또한 다른 지역에는 없고 오로지 운남성에만 거주하는 소수민족도 15부족 정도 된다.

이 중 서쌍판납은 태족 자치주로서 전체 인구는 120만 전후이다. 징흥시를 중심으로 크게는 이무 지역인 맹랍현과 포랑산 지역인 맹해현으로 나누어지고 그 외 맹송, 파달, 격랑화 지역 등이 있으며 다수의 유명 차산을 품고 있다. 한족 40만, 태족 35만, 하니족 20만 명 정도와 기타 포랑족, 라후족, 이족 등 십여 개의 소수민족이 골짝골짝에 흩어져 살고 있다. 특히 맹해 지역에는 보이차 산지와 공장, 상가 등이 밀집된 지역으로 최근에 보이차의 가치가 새롭게 인식되면서 봄이 되면 전 세계의 보이차 애호가들이 이곳으로 몰려오고 있다.

오래전부터 운남성의 네 가지 기둥 산업은 담배, 농업, 광업, 관광 산업이었다. 전 중국에서 복건성(38만 톤) 다음으로 차엽 생산량이 많은 지역이 바로 운남성이다. '운남성의 차'라고 하면 우리는 우선 보이차를 떠올리는데 중국차엽유통협회에서 2016년 발표한 운남성의 2016년 차 생산 통계자료에 따르면 차엽 총생산량은 36만 톤이며 그중 녹차 16만 톤, 보이차 13만 톤, 홍차 7만 톤이다. 오히려 녹차 생산량이 조금 더 많음을 알 수 있다. 그러나 전 중국으로 확대해보면 녹차 생산량이 63%이고 보이차는 7%로 열배 정도의 차이이다. 전체 생산량의 차이를 생각할 때 상대적으로 운남성의 보이차 생산량이 많다는 걸 알 수 있다. 비록 운남성 전체에서 보이차 산업이

차지하는 절대적인 비중은 아직 크지 않지만 차 산업의 발달과 더불어 점점 중요성이 확대되리라 예상된다. 아이러니하게도 보이시에 가보면 보이차보다 녹차를 전문적으로 판매하는 가게가 더 많다. 홍차의 생산량도 생각보다 많은데 주로 임창 지역의 봉경현을 중심으로 발달되어 전국으로 판매되고 있다. 전홍(滇紅)이란 이름으로 널리 알려져 있는데 滇(전)은 운남성의 옛 이름이다. 그러므로 전홍은 곧 운남 홍차란 뜻이다. 지금은 '전홍집단'이란 회사에서 상표등록을 해 사용하고 있다.

보이차 생산량은 일기불순과 과채엽 등의 원인으로 매해 조금씩 다르지만, 전체적으로는 이천년 이후 꾸준히 증가하고 있다. 2000년 초에 3톤 정도이던 것이 06년 07년도 보이차 붐을 타고 10톤 가까이 급증하였다가 08년 09년 오히려 감소하더니 10년 이후 현재까지는 완만한 상승곡선을 그리고 있습니다. 고수차의 생산량 또한 매년 증가하고 있다. 변경지대인 미얀마. 라오스. 태국. 라오스 등지의 차들도 계속 유입량이 증가하고 있다.

※ 중국차의 주요 생산지 ※

  보이차의 주요 생산 지역은 서쌍판납
과 임창 지역으로 대부분이 열대, 아열대
고원형 기후에 속하는 북회귀선 남쪽에
분포되어 있다. 이 지역은 일조량이 풍부
하고 연평균 온도가 섭씨 17-22℃를 오
르내린다. 10-11월부터 다음해 5월 하
순까지가 여름으로 춥고 건조하다. 6월
부터 10월~11월까지는 우기로 연평균
강수량이 1,200~2,000㎜이고, 상대습
도가 80%이상이다.
중국에서 차가 생산되는 주요 산지는 서남차구, 강북차구, 강남차구, 화남차
구로 4개 지역에 집중되어 있고, 보이차 산지는 서남차구에서도 운남성에 국
한하고 있다.

서남차구(西南茶區)

장강 상류 서남부 일대, 광서성, 귀주성, 운남성, 사천성, 서장 동남부

가장 오래 전부터 차를 생산하던 지역이다. 중국 서남부에 위치해 있으며 귀주성(貴州省), 중경(重慶), 사천성(四川省), 운남성(雲南省) 중북부, 티베트 자치구 동북부를 포함한다. 차나무의 생장에 적합한 기후 조건을 갖추고 있기 때문에 홍차, 녹차, 흑차, 화차 등 다양한 종류의 차가 만들어진다. 운남성에서 생산되는 흑차인 보이차가 인기를 끌면서 국제적으로 교류가 활발한 지역이 되었고, 생산량이 늘면서 차 재배지역도 확대되었다. 관목형과 소교목형 외에도 교목형도 재배되고 있다.

강북차구(江北茶區)

산동성, 안휘성 북부, 강소성 북부, 하남성, 섬서성, 감숙성

차 생산지 중에 가장 북쪽에 위치해 있다. 감숙성(甘肅省) 남부, 섬서성(陝西省) 남부, 안휘성(安徽省) 북부, 강소성(江蘇省) 북부, 산동성(山東省) 동남부 등이다. 이곳은 북아열대의 온난한 기후에 속하며 연 평균 기온이 13~16℃이다. 겨울엔 기온이 낮고 여름과 가을엔 고온다습하기 때문에 주로 봄에 차가 만들어진다. 관목형(灌木型)의 중엽종과 소엽종이 많다.

강남차구(江南茶區)

절강성, 강소성 남부, 안휘성 남부, 강서성, 호북성, 호남성

중국의 중요한 차 생산지이다. 전국 차 총 생산량의 2/3를 차지한다. 광동성(廣東省) 북부, 복건성(福建省) 중북부, 호남성(湖南省), 절강성(浙江省), 강서성(江西省) 등이며 녹차, 홍차, 청차, 백차, 흑차, 화차 등 다양한 종류의 차

가 만들어지고 있다. 특히 복건성과 절강성에서 명차가 가장 많이 생산되는데 복건성에서는 청차, 홍차, 백차 종류의 명차가 생산되고, 절강성에서는 녹차 종류의 명차가 생산되고 있다. 관목형의 중엽종과 소엽종이 많지만, 소교목형(小喬木型)의 중엽종과 대엽종도 있다.

화남차구(華南茶區)

장강 중하류 동남부 지역, 광서성, 광동성, 복건성, 해남성, 대만 열대에서 아열대 기후가 나타나는 곳으로 복건성(福建省) 중남부, 대만(臺灣), 광동성(廣東省) 중남부, 해남(海南), 운남성(雲南省) 남부를 포함한다. 교목형 혹은 소교목형의 대엽종(중·소엽종)의 차나무가 모여 있다.

교목:

뿌리에서 한 줄기가 올라와서 높이 곧게 자라는 나무

관목:

뿌리에서 여러 줄기가 올라와서 넓게 펼쳐져서 자라는 나무

01

따뜻한
기운이 도는 운남성

———

운남의 시작점

보이시

구름의 남쪽 운남

운남 운남이여, 채색구름 피어나는 남쪽 땅이네그려.

자연이 귀신같이 빚은 멋들어진 풍광은 이루 다 볼 수가 없고,

인간사 사계절의 경물도 또한 제대로 알 리 없어라.

옥룡설산과 매리설산은 산들마다 죄다 신비스럽기만 하고,

노강, 독룡강, 금사강도 강들마다 광기어린 듯 야생미가 흘러 넘쳐난다네.

태족, 합니족, 납서족들, 각 민족마다 제각각 어우러져 살아가는 다양한 삶의

모습이 다채롭구나그려.

雲南雲南, 彩雲之南,

看不盡自然的鬼斧神工,

看不盡人間的風花雪月.

玉龍雪山, 梅里雪山, 山山神奇;

怒江, 獨龍江, 金沙江, 江江狂野;

傣族, 哈尼族, 納西族, 族族風情萬種.

따뜻한 기운이 도는 운남성

운남의 시작점

곤명에서 시작하는 운남성

보통 운남성의 여러 지역으로 이동할 때 비행기를 이용하는데, 그 모든 비행기는 곤명 공항에서 출발한다. 운남성에서는 곤명이 교통의 중심인 셈이다.

'구름의 남쪽'이라는 아주 낭만적인 이름을 갖고 있는 운남성은 중국인들도 가장 선호하는 여행지로 꼽힌다. 조용한 고색의 도시 대리(大理), 설산에서 내려온 맑은 물이 살아서 흘러가는 고성 리강을 비롯해서, 해발 5,500m가 넘는 옥룡설산(玉龙雪山)과 하바설산(哈巴雪山) 사이를 흐르는 중국에서 가장 깊은 협곡의 하나인 호도협(虎跳峡), 그리고 샹그릴라(Shangri-La)로 이어지는 여정은 자연과 사람이 어우러진 아름다움을 풍성하게 안겨준다.

곤명에서 대리로 가면 우리가 자주 만날 수 있는 보이차인 '타차(沱茶)' 생산을 주업으로 하는 회사인 하관타차가 있다. 박물관도 있고 공장 내부도 견학할 수 있는 곳으로 하관에서 하루에 생산하는 양은 약 300~500kg 정도라고 한다. 이런 규모의 공장은 운남성에 여럿 있지만 하관타차는 전통과 역사를 자랑하는 곳으로 프랑스에 보이차를 처음 수출한 회사이기도 하다.

하관차창에서 대리 공항까지는 얼하이 호수를 돌아 약 30분 정도 거리인데, 차량으로 이동하면서 해발 4,000m 창산을 넘어온 맑은 바람과 얼하이의 수려함에 매료되어 '아! 여기서 한 달만 살았으면 좋겠다'는 생각이 절로 들 정도로 경관이 좋다. 운남에서 소수 민족들이 살아가는 모습을 보면, 대도시에서 활동하는 우리들은 마치 신선한 샘물을 마신 것 같은 기분이 들기도 한다.

곤명은 이런 운남성의 대문이다. 곤명은 해발 1,900m, 아열대 기후에 속하는 곳이라 사시사철 봄 같아 '춘성(春城)'이라고도 부른다. 이곳에는 차인(茶人)들이 찾아가는 차 시장도 있고 골동품 시장과 박물관 등도 있다. 곤명 공항에서 쉽게 갈 수 있는 차 시장은 시내에 있기 때문에 승용차나 택시, 리무진으로 40분 정도 걸린다. 도로에서 바로 보이는 차 시장은 웅달(雄达숑다) 차성이다. 운남성의 수도인 곤명에는 비교적 큰 차시장인 강락, 웅달, 금실 시장이 있다.

그중에서 가장 오래된 시장이 웅달 차성이다. 인연을 따라 다른 차 시장을 갈 수도 있겠지만, 나의 경험으로 볼 때 곤명에서 차 시장 한 군데를 간다면 웅달 차성을 추천한다. 웅달 차성은 시내 한복판에 자리하고 있으며 정문과 후문이 화려한 기와로 장식되어 있고 1호문부터 4호문까지 있다. 1층은 주

웅달 차성

로 유명 브랜드 업체들이 입점하고 있으며 2층은 도자기, 찻잔, 테이블 등의
소품 가게들이 자리 잡고 있다.

웅달 차성 바로 맞은편에는 운남 차엽 도매시장이 있는데 위치가 좋아서
유동인구가 비교적 많은 편이다. 비교적 작은 가게들이 일이층으로 줄지어
들어서 있는데 규모는 작지만 이 가게들의 대부분은 도매상으로 전국으로
물건을 발송하고 있다. 가게의 규모나 외형만으로 평가하기 어려운 곳이 바
로 중국 차 시장이다.

도심에서 약간 떨어진 위치에 있는 강락(康乐캉러) 차엽 시장은 2006년
보이차 붐을 타고 새롭게 형성된 시장으로, 시장 개점 당시에는 빈 점포가
대부분이었지만 2009년 이후 보이차 시장이 회복세로 돌아서자 신생 업체

들이 많이 입점해 활기를 띄게 되었다. 지금은 800여 개의 보이차 도매상들이 입점해 있지만 최근 다른 곳으로 시장을 옮긴다는 이야기도 있다.

곤명 웅달 차시장

2018년 4월의 곤명 차시장을 살펴보았다. 앞서 이야기 했듯, 곤명에는 네 군데의 차시장이 있지만 가장 규모가 큰 곳은 웅달 차시장이다. 곤명에서 며칠 보낸다면 여러 시장을 다녀볼 수 있다. 하지만 대부분의 한국인들은 일정에 여유가 없기 때문에 딱 한군데만 가서 모든 것을 봐야 한다면 가야 할 시장이 웅달 차성이다. 웅달 차성을 다닐 때 마다 입구가 헷갈리지만 어디로 들어가든 안에서는 만나게 된다.

필자가 가장 최근에 방문한 시점에서 다시 보면 웅달 차시장 3번 출입

구로 들어가서 직진하여 50미터 지점에서 우측에 보이는 가게 안을 들여다보니 우림고차방 간판이 보였다. 마침 차탁에는 여러 사람이 앉아 있었는데 한국에서 왔다고 하니 자리를 안내해 주었다. 조금 전 그들이 차 마시는 자

리는 품평을 위해서 보이차 두 가지를 시음하는 자리였다. 우리나라에서 이런 자리는 업무 시간이 끝날 즈음 하는 것이 보통인데, 여기에서는 오후 2시에 시음을 하고 있었다. 필자와 함께한 김성원 씨, 시음에 참여한 4명의 손님과 주인, 그리고 차를 내는 팽주 총 8인이 두 종류의 차를 시음하는 시간을 가졌다. 처음 마신 차는 2008년 봄 차이고 두 번째 차는 2013년 차다. 두 가지 모두 일반적인 차였지만, 대규모 차시장 안에서 낮 시간에 시음하는 프로그램을 가지고 있다는 점에서 특이해 보였다. 주인은 옆자리에서 지켜보고 있었다. 어쩌다 보니 합석하여 함께 시음하고 나왔지만 우리나라와 다른 분위기였고, 차꾼의 입장에서 웅달 차시장의 이런 분위기는 참 좋아 보였다.

주인은 2003년부터 이곳에서 장사를 했는데 2013년 우림고차방 지점을 열었다고 한다. 나와서 보니 상호가 세 가지였는데, 입구와 간판은 따로 되어 있었지만 들어가면 하나로 연결된 큰 가게였다.

그 다음으로 작년에 개업 하루 전에 방문한 곳이 있었는데, 지금은 어떻게 장사를 하고 있는지 궁금해서 가보았다. 당시에 젊은 여성이 차 교육에 열정이 대단했고 가게 안에서 교육을 하겠다고 해서 근황이 궁금했다. 찾아

가 보니 마침 자리를 지키고 있었는데 나를 기억하고 있어서 쉽게 대화를 할 수 있었다. 다른 집과는 다르게 차탁 위에도 교육 관련 책이 있고 아래에도 그런 류의 책들이 보였다. 행다법은 책을 통해서 좋은 자세를 익히고 영상을 보고 배웠다고 하는데 차 내는 모습이 분위기에 맞는 다법과 좋은 자세를 취하고 있어 자연스러우면서도 절도 있게 보였다. 마침 이무 지역 고수차가 입고되었다고 하면서 차를 내어 주었는데 보이 생차가 상당히 좋은 맛과 기운을 내었다. 다음에는 미리 연락하고 와서 그의 다예를 촬영하기로 했다.

　건너편 차 전문점을 보았는데 건물의 외관은 옛날 건축 약식을 그대로 가진 차 전문점인데 안을 들여다보니 직원이 소수민족 라후족 의상을 입고 있었다. 들어가서 다시 한 번 물었더니 직원은 한족이지만 의상만 라후족 것을 입었다고 했다. 소수민족 의상만 보고 차를 구입하는 것은 좋은 방법은 아님

을 이렇게 알게 되었다. 시음하는 가운데 2층에서 주인 남자가 내려와서 차를 같이 마시게 되었는데, 차 시장에서는 상업적으로 직원들의 복장을 정하는 경우가 많다고 크게 문제되지 않는다며 웃어 넘겼다.

아무튼 이 집은 매우 많은 종류를 전홍을 전문적으로 취급하고 있다. 높은 등급 두 가지를 시음했는데 5년 숙성 시켰다고 하는 홍차가 평소에 마셔온 차와는 달리 단맛에서 매우 깊은 풍미가 느껴져서 500g을 구입했다. 전홍의 장점을 잘 드러낸 것 같다.

건너편에서 보이는 외관이 좋고 안을 들여다보니 인테리어가 잘 된 집으로 옮겼다. 주인이 2층에서 내려와 합석해 전홍 홍차를 두 가지 마셨는데, 한 종류는 단맛이 매력적이라서 그 차를 구입하였다.

이 가게의 출입구는 분명히 두 군데였다. 하나는 홍차 전문점, 또 하나는 보이차 전문점이었고 우리가 들어간 입구는 보이차 전문점인데 들어가 보니 같은 집이다. 보이차 자리에서 마시려다 홍차 내는 자리로 가서 홍차를 시음했다. 시간이 많이 없었기에 보이차를 마실 수 있는 곳보다는 홍차 매장에서 전홍을 시음하고 싶다고 하고, 찻자리 사진 작업도 양해를 구하고 촬영을 했다. 차는 내는 분이 상당히 매력적인 분위기를 가지고 외국인에게 상냥하게 대해주며 마음에서 우러나온 친절함이 보였다. 다음에 다시 웅달 차시장을 방문하면 시간을 넉넉히 가지고 다양한 차를 시음해 보고 싶은 곳이다.

우리나라에서 웅달 차시장 같은 곳은 없을까 하고 다시 한 번 생각하게 한다.

곤명 시내 골동 상가

곤명 시내에 있는 차 시장을 보고 나서 시간이 되면 골동 상가도 한 번 보기를 권한다. 곤명에 특별히 골동 시장이 번성한 것은 아니고 수준 높은 고가의 골동품 점은 쉽게 찾아가보기 어렵겠지만, 보통의 가게라면 차와 관련된 도구를 취급하는 곳이 있다. 대부분 개완이나 자사호인데, 곤명에는 자사호 보다는 개완류의 골동 차 도구들이 많이 있다. 주인을 잘 만나면 골동품에 대한 지식도 넓히면서 개완을 중심으로 청대 전후의 도자기 역사도 알 수 있을 만큼의 공부가 되는 곳도 있다.

이런 골동품 가게에서 늘 보이는 것이 있다. 바로 옥 제품이다. 중국은 어느 보석보다도 옥을 더 좋아한다. 사실 중국의 옥은 어마어마하게 범위가 넓다. 활석류에서부터 대리석까지 모두 옥의 범위에 들어간다. 그러니까 옥을 별로 접해보지 않은 한국인의 시각에서 접근하면 열이면 열 그저 모양과 색깔이 예쁜 것을 고르기 쉽다. 그러니 비싼 옥이라며 권하는 비취류 혹은 보기에만 좋은 묘안석 등에 현혹되지 말고 차라리 차 도구인 찻잔이나 개완에 관심을 가지고 둘러보면 차 생활에 도움이 되면서도 손에 잘 맞는 어여쁜 기물을 얻을 수 있는 기회가 될 수 있다고 본다. 그래도 구태여 옥을 고른다면 준보석류를 택하는 것이 좋다.

개완 :

도자기로 만든 것으로 백자, 즉 자기질로 되어 있기 때문에 하나의 개완에 다른 차를 우려내어도 차 향이 베이지 않으며 간단하게 시음하거나 작은 개완으로 차 맛을 음미하고자 할 때 유용하게 사용된다. 또한 찻잎을 감상하고 향을 충분히 즐길 수 있기 때문에 차 애호가들이 선호하는 편이다.

자사호 :

중국 강소성 의흥에서 만들어지는 자사호는 중국의 도자기사(陶瓷器史)에서 매우 중요한 위치에 있으며 역사적으로 예술적 가치를 인정받고 있다. 자사라고 하는 것은 '자주빛 모래흙'이라는 뜻이며, 자주색의 특이한 자사토로 만들어진 다기를 자사호라 부른다.

극장식 식당에서 만난 수유차

곤명에서 티베트 사람의 마음이 고향, 샹그릴라의 민가를 통째로 가져와 장식한 특별한 식당 '마지아미(瑪吉阿米)'를 찾아갔다. 여행 7일째 곤명으로 와서 하루를 보내고 마지막 날 저녁에 쾌활 정경원 대표의 식사 초대에 참석했는데, 식당으로 2층 계단을 올라가면 입구에 큰 그림이 있다. 티베트의 정신적 지주인 달라이 라마가 옛날에 사랑했던 여인이라고 한다. 여인의 이름이 '마지아미'인데 그 여자의 이름으로 만든 상호와 그녀의 그림이 상당히 매력적으로 보인다.

식당 안으로 들어서면 앞에 바로 보이는 것은 마니차다. 식당 안에서 이렇게 큰 것을 보기는 처음이었다. 마니차는 윤회의 굴레를 표현한 것으로 티베트에는 문자를 모르는 사람이 많아서 마니차를 돌리는 것이 곧

경을 읽는 것과 같으며, 한 바퀴 돌리는 것이 수미산 한 바퀴 도는 공덕과 같다고 믿는 풍습이 있다.

이 식당은 공연을 즐기며 식사를 할 수 있는 극장식 식당이다. 예약된 테이블에 가보니 무대가 잘 보이는 자리라 분위기를 즐기기에 좋다. 실제로 샹그릴라를 여행하는 동안에도 보기 힘들었던 전통 공연과 그들만의 음식 문화를 접할 수 있었다. 이곳에서는 토속적인 음식부터 귀한 동충하초나 수유차도 마실 수 있다. 이 식당에서 유명한 동충하초 탕 1인분에 한화로 5만 원이다. 매우 많은 요리를 시켰는데 이 음식이 전체 음식 값의 2/3를 차지할 정도로 비쌌다. 맛은 한국 사람도 일품이라고 할 만큼 좋았다. 이 외에도 야크 고기와 송이버섯 요리는 이곳에서만 풍성하게 먹을 수 있는 음식이다.

동충하초 탕   야크 고기

수유차는 여러 가지 음식을 시키면서 같이 시켰는데, 티베트 전통 복장을 한 직원들이 다니면서 손님들께 따라 준다. 수유차는 우리나라 호떡 같이 생긴 빵과 함께 먹는다. 빵을 크게 만들고 안에는 매우 짠 두부를 그릇에 담아 올려놓는데, 고산 지대에 사는 티베트 사람들에게 중요한 염분 섭취 수단이었다고 한다.

　식당 안, 테이블에 음식이 모두 놓이면 공연자들이 테이블 쪽으로 가서 노래를 부르고 손님들의 목에 흰 천을 걸어준다. 공연이 시작되자 매니저의 방문 감사 인사 후에 공연자들이 무대에 들어섰다. 공연이 시작될 때 환영의 의미로 목에 걸어준 흰 천은 집에 가져가도 되지만 쇼를 보면서 마음에 든 공연자에게 걸어줘도 된다.

식사와 공연이 마칠 때 주인의 배려로 티베트에서 권위 있는 집의 안채를 그대로 가져와 재현한 방도 볼 수 있었다.

량장 역(梁家河站, 양가하참) A 출입구에서 길을 건너 안쪽에 위치해 있다.

같은 건물 1층 오른쪽 끝에 차관이라고 쓰여 있어 가보니, 수유차를 파는 티베트 식당이었다. 그 집의 맞은편에도 같은 류의 차관이 있었다. 곤명에서 수유차를 마시고 싶다면 티베트 식당을 찾아가면 된다.

따뜻한 기운이 도는 운남성

보이시

바람과 햇볕이 만드는 선물, 보이 생차

보이 생차는 청병(靑餅), 생병(生餅), 생보이(生普耳)로 불리는 차다. 긴압한 후 자연 상태 그대로 두고 발효시키는 차로 시간이 경과하면서 천천히 숙성된다. 보관 환경에 따라 맛과 향이 다양하게 변한다. 생차는 오래 묵힐수록 좋다고 하는 사람들이 있다. 하지만 차의 품질과 보관 환경을 고려하지 않고는 모든 차가 맛있게 발효된다고 볼 수 없다.

필자가 국내에서 다양한 조건과 환경에서 보관된 차들을 15년 동안 지속적으로 살펴봤다. 그 결과 산 좋고 물 좋은 환경이라고 해서 모두 숙성이 잘되는 것은 아니었다. 좋은 찻잎으로 만든 차가 후발효 과정이 잘 진행되는 조건에서 최소 1-3년 정도 보관 후 출고된다면 후발효의 진정한 의미를 맛볼 수 있다. 하지만 우리나라에 수입되는 생차(生茶) 대부분은 제조된 뒤 바로 들어오기 때문에 홍콩이나 대만에서 보관하는 것보다 숙성이 느린 편이다. 운남 보이차 생산 현장에서 생차 만드는 과정을 보면 단순해 보인다.

보이차에서 후발효의 원리 :

보이 생차는 녹차보다 폴리페놀 성분이 월등이 많다. 이 폴리페놀 성분이 일정한 온도와 습도를 가진 조건에서 공기 중의 산소와 접촉하여 자연적으로 비(非) 효소적 산화발생을 촉진시킨다. 그리고 기타 물질들과 중합(衆合)하여 황갈색 중합물을 형성해 보이차의 탕색(湯色)을 점차 깊어지게 한다.

현지인들은 예부터 내려온 방식으로 차를 만들지만 요즘은 대기업에서 초제소(初製所)를 만들어 모차(母茶) 작업을 하고 있다. 고차산에 모차를 가공할 수 있는 큰 건조장을 만들어 채엽한 찻잎을 구분하면서 위생적이고 안정적인 모차 작업을 하고 있다. 모차는 보이차를 만드는 원료로 분류되며 이것을 이용해 만든 차가 보이 생차, 보이 숙차이다.

생차 만드는 방법

　보이 생차 제조에서 가장 중요한 과정은 쇄청모차인데 이것은 유념(찻잎을 비벼서 찻잎 각 부분의 수분함량을 균일하게 하고 세포조직을 적당히 파괴하여 포함된 성분이 물에 잘 우러나게 하는 과정) 후에 햇볕에 말리는 과정으로 햇볕과 차의 진액이 만나면서 다른 차와는 다른 독특한 보이차만의 향기가 형성된다. 이 과정을 마친 차를 모차라 한다. 긴압할 수 있는 모차(母茶)가 완성되면 생차의 제조 공정은 의외로 간단하다.

둥근 병차를 만드는 방법은 여러 회사마다 대부분 비슷한 공정으로 이루어진다. 여기서 설명하는 것은 석가명차에서 제작하는 현장에서 최해철 대표의 자문을 받아 정리한 내용이다.

❶ 병배(블렌딩)가 완료된 모차를 창고에 보관하였다가 작업 순서가 되면 압병실로 옮긴다. 상자에 들어 있는 모차를 한 상자씩 오픈하여 작업대에 쏟아 붓고 저울로 원하는 양만큼 정해진 무게를 측정한다. 대량 생산하는 차들은 흔히 병차의 앞면과 뒷면 그리고 중간에 들어가는 모차를 구분하여 측정하는데, 일반적으로 흰털이 많이 달린 여린 잎은 앞면에 깔고 중간에 들어가는 모료는 다소 크고 파쇄된 잎을 넣는다.(그렇지 않은 기업도 많이 있다) 차맛의 좋고 나쁨은 찻잎의 크기와 모양과는 상관없다. 참고로 경매, 나카 지역의 고수차는 잎이 작고 검은 편이고, 이무 지역은 줄기가 길쭉한 편이며 노만아, 파랑 등은 백호가 많고 광택이 있다.

❷ 각종 차의 무게에 맞게 스텐으로 제작한, 바닥에 구멍이 송송 뚫린 원통형의 도구에 바짝 마른 모차를 담는다. 그리고 물을 끓여서 수증기가 치솟고 있는 곳에 바닥에 모차를 담은 원통형의 도구를 잠시 올려놓는다. 10초 전후의 시간이 지나면 통 속에 수북하던 모차가 습기를 잔뜩 머금고 착 가라 앉는다.

❸ 각종 차의 형태에 맞게 제작한 약간 두꺼운 마 소재의 포대기에 촉촉한 모차를 옮겨 담고 사이즈에 맞게 주물러준다. 압병 방식 중 자동은 기계로 압착하여 완성하는 방식이고, 반수공은 우선 기계로 살짝 눌러서 틀을 잡은 다음 석모로 눌러서 완성하는 방식이며, 전수공은 처음부터 석모로 눌러서 완성하는 방식이다.

기계를 사용하는 방식은 중, 대형 차창에서 주로 사용하는 방식으로 대량 생산에 적합한 방식이다. 석모를 사용하는 방식은 전통적인 방식으로 소형 차창에서 주로 많이 사용하였는데, 지금은 대부분 반자동식으로 기계와 석모를 같이 사용하는 방식을 택하고 있다. 30kg 전후의 돌을 맷돌처럼 둥글게 깎아서 윗부분에 손잡이를 만들어 들었다 났다 하는 방식이다. 평평한 공간에 나무판자를 깔고 그 위에 차창의 규모에 따라 적당한 개수의 석모를 올려놓고 그때그때 필요한 만큼 사용한다. 기계 한 대로 하루에 1000여 편의 병차를 압병할 수 있고 석모를 사용하면 차의 무게에 따라 다르지만 2인 1조로 보통 500편 정도를 생산할 수 있다.

압력의 정도는 제작자의 의도에 따라 자유롭게 조절할 수 있다. 강하게 하면 향을 보존하기에는 좋지만 모차의 훼손이 심하고 발효가 더딜 수 있다. 약하게 하면 병면이 아름답고 발효 속도도 빨라지지만 운송과 보관의 불편함이 있다. 전수공인 경우 압력이 부족하면 사람이 석모 위에 올라타서 꼰들꼰들 좌우로 몸을 움직여 압력을 조절한다. 기계를 사용하면 압력을 조절하는 장치가 있어서 편리하다.

압병 할 때 수증기의 물은 아주 중요하다. 반드시 깨끗한 물을 사용해야하는데, 물론 압병 후 건조 과정을 거쳐 다시 원래의 무게에 도달하게 하지만 바짝 마른 모차에 수증기가 들어가면 차맛에 영향을 줄 수밖에 없다. 압병한 차는 그야말로 따끈따끈한다. 고온 수증기의 영향이다. 혹자는 압병할 때 분출되는 고온의 수증기가 살균 기능을 한다는데 최해철 대표의 말에 의하면, 뜨겁긴 하지만 10초 전후의 증기로 살균이 될 정도는 아니라고 한다. 증기가 들어오는 아래쪽은 뜨겁지만 위쪽은 그냥 따뜻한 정도이다. 더구나 후발효의 중요성이 강조되는 보이차를 생산 단계에서 살균까지 할 필요는 없다고 한다.

봄과 가을을 동시에 즐기는 병배차

병배(拼配)는 보이차에만 국한 된 것은 아니다. 유럽 홍차도 같은 품질의 맛과 향을 유지하기 위해서 병배(블렌딩)를 이용한다. 무이산 무이암차를 만들 때도 대기업에서는 병배의 기술을 이용하여 회사 고유의 품질을 유지하는데, 병배 기술자가 회사에서 대우를 받는 것도 이 때문이다. 병배는 차를 섞는다는 의미이기 때문에 그야말로 여러 가지 종류가 있다. 오늘날 가장 흔한 것은 지역 병배로 이쪽 산의 모차와 저쪽 산의 모차를 섞는 것을 말한다. 그 이외에 연도병배, 등급병배, 계절병배 등이 있다. 병배의 가장 중요한 목적은 생산량을 늘리고 매년 일정한 맛을 유지 하는데 있다. 산업이 발달하고 인구가 늘어나면서, 또 교통과 운송이 편리해지면서 차를 마시는 사람의 수도 늘고 생산된 차가 도달하는 범위도 넓어졌다. 당연히 차도 옛날에 비하여 대량으로 필요해졌다. 때문에 대중의 일정한 기호를 충족시키기 위한 병배가 본격적으로 연구·개발되었다.

대익보이차 7572

하관차창 7653

대표적인 병배차로 대익의 7542, 7572 등이 있고 하관의 8653, 7653 등이 있다. 중·대형 차창에서 출시하는 대부분의 차들은 병배차라고 보면 된다.

곤명에서 승용차로 3시간 정도 가면 보이시가 나오는데 2008년 10월, 그곳에 있는 운남 보이차 유한 공사를 방문했었다. 부사장의 안내를 받으며 공장을 둘러보았는데 공장은 새로 지은 건물로 모든 시설이 위생적이었다.

이전에 보아온 공장들 때문에 생겼던 '보이차 공장은 청결하지 못하다'는 생각이 바뀐 계기이다. 보이차 생산 시설이라기보다 식품을 생산하는 규모 있는 기업의 시스템을 갖추고 있었다. 건물의 높은 천장 중간 중간에는 채광 시설이 잘 되어 있었는데 그래서인지 공장 안은 밝았다. 공장 2층을 올라가니 보이차의 색다른 악퇴과정을 볼 수 있었다. 적당한 온도, 습도를 위해 선풍기가 가동되고 있었다. 과거 다른 공장에서는 볼 수 없었던 모습으로 매우 위생적이었다. 공장의 전체적인 분위기로 볼 때 외국 손님에게 보이기 위한 일시적인 모습이 아니라 실제로 이런 환경에서 작업하고 있다는 것을 알 수 있었다.

마침 건조 과정에 있는 차의 내비와 포장하는 과정을 보았는데 우연히 겉포장에 찍힌 날짜를 보게 되었다. 우리가 방문한 시기는 10월인데 포장지에는 8월 8일자로 인쇄되어 있었다. 부사장에게 왜 그런지 물었더니, 개인 소장가의 주문품으로 외뢰인이 각각 4월과 10월에 딴 찻잎으로 병배해서 8월 8일로 찍어 달라고 했기 때문이라고 답했다. 우리나라 같으면 가능한 봄 차로만 만들어달라고 주문했을 법한데 중국인들은 차 자체의 맛에 비중을 많이 두는 것 같았다. 부사장은 이 차 소장가 한 명이 5톤을 주문했다며 이 정도 주문이면 '차에 투자한다'는 말을 할 수 있다고 했다.

2016년부터는 고수차를 만드는 곳에서 그동안의 병배와는 개념을 달리하는 병배차들이 생산되고 있다. 이런 병배차를 '고수 병배차'라는 이름으로 묶어서 부른다. 매년 생산되는 고수차들 중, 정해진 지역의 모차만 사용하는 것이 아니라, 품격 있는 쓴맛과 단맛, 떫은맛을 골고루 갖춘, 불특정 지역의 좋은 원료를 취합하여 출시하는 차이기 때문이다.

　　이런 차들은 개별적인 취향이 많이 작용하긴 하지만, 차 산지의 특징이 잘 나타나는 차라면 쉽게 소비된다. 이런 방법의 병배차를 훗날 차 시장에서 만나면 그 맛이 어떻게 나올지 기대가 된다.

황인 7542

자색빛 자연차, 금황색의 자아차

　1985년, 운남 차엽 연구소는 4만 평에 심어진 60만 그루의 차나무 중에서 잎(葉), 줄기(莖경＝條조), 순(芽＝싹) 모두가 자색인 변종 차나무 한 그루를 발견했다. 연구를 통해 이 나무의 무성번식에 성공하였고, 그 이름을 자연차(紫娟茶)라고 붙였다. 차로 만들면 자주색이 더 진해진다. 현재는 개량을 통해 전문적으로 육종하고 있다.

필자는 운남성 보이시(푸얼시) 영이현(링얼현) 동탑 지역에서 출발하는 차마고도의 길 중간 능선에서 태양열을 강하게 받는 차의 군락지를 지날 때 보이차를 전공한 중국인 일행이 자주색 찻잎을 가리키며 사진을 촬영하라고 해서 그 존재를 알게 되었다.

자조차(紫條茶)

자아차와 자조차는 자연 스스로 변종이 된 것으로 싹이 자주색이거나 줄기가 자주색으로 바뀌는 것을 말한다. 이렇게 특정 부위만 자주색으로 바뀌는 것들이 많이 있다. 이런 차는 자연차처럼 탕색이 자주색을 나타내지는 않는다. 자연차와 자아차(紫芽茶)의 차이는 자연차는 중소엽종으로 자아차는 대엽종으로 만들어진다는 점이다. 또 자연차 모차의 탕색은 자주색이고, 자아차 모차의 탕색은 금황색이다. 통상적으로 자연차, 자조차, 자아차 이런 식으로 구분을 하기도 하고, 자연차를 대명사로 쓰고, 그 밑에 자아차, 자조차를 구분하기도 하는데 줄기 부분이 자색인 것을 자조차라 한다.

한정판 생차로 승부

　보이 생차 시장은 2007년 대폭락을 경험하고 2008년 이후부터 다시
일어나고 있지만 2010년까지는 매우 시장이 불안했다. 그 타개책으로
고급품 수집가의 기호에 맞추어 1,000년 된 고수차의 찻잎으로 한정판
을 생산, 2000개 전후로 만들고 있다. 그 차의 찻잎들을 보면 크고 작은
것이 마구 섞여 있었다. '한정판'인데 왜 이런 건지 물어보았다. 공장장은
실제 고수차를 채엽하러 현장에 가보니 그런 고수차에서는 찻잎을 선별
할 수 있는 여건이 되지 않아서 새순이 나온 것까지 모두 채취해 만들었

기 때문이라고 답했다. 그의 말에 일면 수긍이 가기는 했다.

한정판이라는 증서와 함께 판매하는 모습을 보면, 그만큼 중국에서 보이 생차 시장이 어려워졌음을 알 수 있다. 이 회사에서도 숙차와 생차의 비율을 60:40으로 맞추고 있어, 50:50이었던 예전보다 숙차 생산 비중을 더욱 늘리는 추세였다.

현재는 두 가지 형태의 한정판을 만들고 있다. 먼저 수령 삼백년 이상의 진짜 고수차는 수량이 적고 가격 또한 비싸므로 제품의 진실성을 담보하는 차원에서 한정으로 만든다. 반면 처음부터 기획을 해서 숫자를 한정하여 제작에 들어가기도 한다. 결국은 전략적으로 대량생산을 하지 않은 것을 말한다.

고수차 : 수령 삼백 년 이상의 차나무

소수차 : 일반적으로 수령이 어린 차나무를 일컫는 말

야생차 : 사람이 심지 않았는데 자연 속에서 스스로 자란 차나무

경매 고차산에서 만난 방해각

2017년 3월 18일 쌍강(双江)에서 네 시간을 달려 경매에 도착하였다. 보이시 란창현 혜민향 경매산은 흔히 천년만묘고차원(千年萬苗古茶園)이라고 부른다. 한묘가 한국 평수로 200평 정도라고 계산하면 만묘는 약 200만 평이다.

실제로 엄청난 차밭의 면적을 자랑하는 경매산은 대채(大寨), 맹본(猛本), 망경(忙景), 노강(老岡), 옹기(翁基) 등의 수십 개 마을로 구성되어 있는데 2000년 초부터 중국 정부의 적극적인 지원 아래 비교적 잘 개발된 차산이다. 대부분의 보이차가 잎이 큰 대엽종인 반면, 경매 지역의 보이차는 중, 소엽종의 비율이 높은 편이다.

이 지역의 고수차를 가공하면 색깔이 비교적 검은 편이라 보기에 좋아보이지는 않지만 맛은 달고 순한 편이다. 이무 지역의 차와 종종 비교되는데 이무차는 부드러움이 특징이고 경매차는 맑고 달며 깨끗한 향기가 있다. 경매산에서 특히 많이 볼 수 있는 방해각(팡세이지아오, 螃蟹脚)이라는 식물은 차나무에 기생하는 식물이다. 방해각을 잘 아는 사람이 이곳저곳 나무를 찾아다니면서 조금씩 자란 방해각을 찾아서 알려주었다. 대부분 크지 않

방해각

지만 영덕대게의 다리를 닮은 것처럼 보였다. 사실 방해각이라는 이름이 바로 게 다리처럼 생겼다고 해서 붙여진 이름이다. 열을 내리고 독을 풀어주며 위장병에 효능이 있는 것으로 알려지면서 많은 사람들이 찾는데, 경매산 정품 방해각은 1kg에 백만 원 가까이 한다고 한다. 그러나 고수차도 다양한 가격이 있듯이 방해각도 산지에 따라서 가격이 천차만별이다. 최해철 대표가 방해각을 구하는 노하우를 귀띔해줬는데, 운남에서 좋은 모차를 구하기 위한 노하우와 마찬가지로 일단은 믿을 수 있는 사람에게 부탁해서 구하고, 그 사람이 원하는 가격에서 절대 깎지 않는다고 했다. 오히려 수고비를 따로 챙겨 주기도 하는 것이 가장 안전한 차를 구하는 방법이라고 한다.

한국의 서경호 보이차에서는 이미 2003년부터 경매 지역의 고수차와 방해각을 섞어 만든 차를 만들기도 했다.

경매 차산에서 만난 미국인 브라이언

경매산 고수차를 탐방하던 중 경매의 망경(忙景)이라는 마을의 차창 엽공차업(葉貢茶業)에서 하루 숙박을 하게 되었다. 차창에서 운영하는 숙박 시설이 운남에서는 보기 드물게 잘 된 곳으로 이름이 엽공인 포랑족 사람이 주인이었다. 오바마 대통령을 닮은 주인은 우리에게 차를 대접하는 자리에서 '오늘 저녁에 미국에서 온 사위가 도착한다'는 말을 했는데 그때만 해도 별 대수롭지 않게 들었다. 그런데 다음날 아침, 이 차창의 사위가 우리 일행에게 보이차를 대접하겠다고 해서 옮겨간 찻자리에 웬 미국인이 앉아있었

다. 우리는 그렇게 해서 오른쪽으로는 경매 차산의 고차수를 바라보면서 미국인이 대접하는 차를 마셨다. 중국인의 고유 찻자리에 앉아서, '차 한 잔 대접하겠으니 앉으세요'라고 하는 말과 분위기가 너무 자연스러워 그만의 아우라를 느낄 수 있었다.

미국 사위 브라이언은 귀한 만남이라면서 자기가 조금 소장하고 있는 80년대 7572 숙차를 우려 주었다. 그냥 보이차를 내는 것이 아니라, 한국의 보이차 마니아에게 능숙하게 설명을 하면서 내는 모습은 우리들에게 많은 것을 생각하게 했다. 중국에 있는 보이차 스승을 우리들에게 동영상으로 소개하면서, 자신의 보이차에 대한 견해를 유창한 중국어로 설명했다.(중국어 통역은 최해철 대표, 영어 통역은 고형일 교수님이 수고해 주셨다.) 보이 숙차 7572는 첫잔에서 보관 상태가 좋은 정품임을 알 수 있었다. 운남에서 대익 정품 노숙차를 만나기는 정말 어려운데, 보관 상태도 좋고 구감도 아주 좋은 차를 만난 것은 행운이었다. 숙차도 오래두면 이렇게 좋은 맛이 날 수 있다는 것을 증명해주었다. 떠날 때에는 이번에 방문한 한국 손님들 모두에게 결혼식을 기념하여 200g 소병으로 찍은 병차를 나눠주었다. 후일 맹해 오운산에 가서 최해철 대표가 우려주면서 평을 하기를 작년 경매산 가을 고수차로 만들었다는데 가을차 특유의 맑고 깨끗한 향기가 두 분의 아름다운 결혼을 증명하는 것 같다고 칭찬을 했다.

미국에서 차이나타운을 중심으로 보이차 애호가의 활동이 많다는 것을 말로만 들었는데, 이번 고수차 탐방에서 직접 대접 받은 경험은 이번 여행의 큰 수확이었다. 미국인이 주문 생산하는 보이차 포장지에는 손오공이 등장하는 점이 재미있다.

02

차마고도와
서쌍판납

차마고도의 출발지 그리고 사람

차마고도의 거점도시

세계 최고 차왕수가 있는 임창

운남성 차마고도의 출발지인 고육대차산은 이무 지역에서 시작되었는데 이 지역은 400년 전, 문화 공동체로서의 국가를 형성한 소수민족들이 거주하던 곳이었다. 이 깊은 산속 밀림에 사는 소수민족이 알려지지 않은 차를 소유하고 있음을 사람들이 알게 되자 이 지역 특산물이 각광을 받게 됐고, 보이차가 세상 사람들에게 알려지고 평가받으며 운남 자체가 크게 성장했다. 나는 모든 교통편을 이용해 고육대차산의 산지를 체험하며, 운남성의 차나무와 그 찻잎으로 만든 차를 연구하며 기록해 보았다. 이제 보이차와 차마고도라는 큰 틀 속에서 하나하나 차산지를 구분하여 찾아볼 것이다.

차마고도의 출발지 그리고 사람

고육대차산의 차들은 모두 이무 지역에 집결됐다. 이무, 의방 등 이곳에는 아직도 옛날의 마방이 있고 자료관의 성격인 박물관, 차순호, 동경호 등이 새로운 주인을 맞아 선조들이 이어온 그대로 운영되고 있다.

이곳에 거주하는 사람들이 바로 첫 번째 알아봐야 할 근본이다. 사실 그들의 차 생활은 늘 생활 가까운 곳에 차가 있었기에 저장해서 마시는 것이 아니라, 오늘날 생차라고 하는 보이차를 그때그때 만들어 마셨다. 그래서 포장이 병차가 아니라 작거나 크게 한 줌 분량의 조그만 사이즈의 차 묶음이었다.

차마고도의 출발지에서 사는 소수민족들은 포랑족, 이니족 등이 많으며 과거에는 포장족이 수가 많고 영향력 있는 민족이었기 때문에 산 위에서 아래로 내려와 살게 되었다. 그런데 보이차가 인기를 얻고 사람들이 고차수의 산지를 찾아 나서면서, 높은 산 깊은 골짜기에 사는 소주민족 소유의 차들이 시장에서 더 큰 호응을 얻게 되었다. 생산 차들의 가격이 지역별로 차이가 있어 오히려 가난한 부족과 부유한 부족이 바뀌는 현상이 나타나게 된 것이다.

공항에서 본 보이차 광고

서쌍판납(西雙版納) 공항에서 맹해와 포랑산으로 가면 대익보이차 뿐 아니라 많은 기업들이 보이차를 생산하고 있다. 공항에서 가장 큰 광고판에 나오는 기업으로 대익보이차, 진승차창, 진미호, 우림고차방, 란창고차, 국영차창, 육대차산 등의 광고가 건물 내부에 대형 현광판으로 세워져 있다. 최근 우림고차방은 새로운 마케팅 방식으로 소비자들에게 접근하고 있다. 동화 기업은 본사는 광동에 있지만 운남 보이차 시장에서 독보적인 거래를 성사시키고 있는 기업인데 대익보이차와 우림고차방 대주주가 참여하고 있다. 대익보이차 뿐 아니라 모든 보이차의 시세가 주식 현황판 방식으로 매일 매일 증권가의 현란한 LED처럼 나타난다.

2급 대리상이 활동할 수 있는 구조를 갖춘 기업도 10여 개 등장했다. 여기서 2급 시장이란, 본사에서 출고된 차를 소비자끼리 판매할 수 있는 시장을 말한다. 예를 들면, 보이차 소장가가 급전이 필요할 때면 2차 시장을 통해 언제든지 다른 소비자에게 보이차를 판매할 수도 있다.

    동화 기업은 2차 시장을 전문적으로 운영하는 기업이다. 수수료를 지불해야 하는데도 거래자들이 이곳을 선택하는 데에는 다 이유가 있다. 동화 기업을 통해 거래되었다는 것은 곧 진품임을 보증하는 것이다. 또 스마트폰으로 진행부터 결과까지 확인할 수 있어 편리하다. 하지만 대익 보이차와 우림고차방 외 2-3개 정도만 이곳에서 거래된다. 마치 증권시장이나 야구의 메이저리그와 마이너리그를 보는 듯하다.

대익 보이차

진승차장

우림고차방

경홍 음식문화와 야시장

서쌍판납 공항에 내려서 경홍 시내로 들어가면 특이한 건축 양식이나 조형물이 많은데 대부분이 봉황이나 코끼리이다. 태족 자치주인 서쌍판납의 상징동물이기 때문이다.

각 민족의 음식은 그들이 주로 하는 생산 활동 및 거주 지역의 자연환경, 손쉽게 구할 수 있는 음식 재료 등과 밀접한 관계가 있을 뿐만 아니라, 동시에 각 민족의 신앙과 전통 관념 등의 영향을 받는다. 목축업을 주요 산업으로 하는 몽골족, 카자흐족, 키르기즈족, 티베트족, 위구르족 및 타타르족 등은 고기, 동물 젖과 유제품을 주식으로 하고 통상적으로 일정한 곡물과 채소를 보조식품으로 먹는다.

운남에서 여러 가지 문화를 보거나 다른 곳으로 이동하려면 필연적으로 경홍을 거치게 된다. 그래서 경홍은 음식문화도 발달되어 있고 야시장도 성황리에 운영되고 있다. 야시장은 어느 나라나 있지만 경홍의 야시장은 상당히 깨끗한 편이다. 특이한 점은 이런 야시장에서는 차를 판매하는 곳을 보기는 어렵다는 점이다. 차는 차만 판매하는 곳에서 시장을 형성하고 있기에 그런 것 같다. 경홍 야시장은 100미터 내에서 형성되고 사이사이 골목에도 조금씩 있는 편이다. 입구의 좋은 자리는 모두 음식을 판매하는 곳이다. 음식 자리에 사람이 많아서 개인 의자들이 많이 펼쳐져 있는데 누구나 섞여서 작은 탁자 위에 음식을 놓고 먹는다.

과일 가게도 잘되는 편이다. 집에 가져가기 위해서 구입하는 사람들이 많은 것 같다. 과일만 파는 곳과 과일 쥬스를 판매하는 곳이 섞여서 영업을 하고 있다. 남쪽 지방이라서 싱싱한 과일 뿐 아니라 과일로 만든 쥬스도 이곳에서만 마실 수 있는 생쥬인데 다양한 혼합쥬스가 즉석에서 만들어진다. 그 외 우리가 일상에서 필요한 용품들도 나와있다.

야시장을 구경하다 매우 놀라운 광경을 목격하게 됐다. 야시장 어디에도 현금을 주고받는 모습을 찾기 어렵다. 모두 위챗으로 결제한다. 스마트폰으

로 지불결제 시스템을 효율적으로 잘 사용하고 있다. 스마트폰, IT 강국이라는 우리나라보다도 발전한 모습이다.

경홍은 관광객이 많이 몰리는 지역이라서 대형 극장식 식당이 운영되고 있다. 이곳은 태족자치주로서 태족이 운영하는 곳인데 소수민족의 다양한 춤과 노래를 듣고 식사를 즐기는 곳이다. 그들의 민속놀이 공연은 이국적인 맛이 있지만 시간이 여유로워 조금 더 머물 수 있다면 공연의 흥이 돋는 순간 손님도 춤을 추고 노래를 부르며 직접 즐기는 재미난 풍경도 볼 수 있다.

경홍의 음식

독이 든 버섯의 맛

경홍 지역에서 소문난 버섯 요리집을 찾아갔다. 이곳은 한눈에 보아도
전문점이 분명한데 오로지 버섯 요리만을 한다. 여러 가지 독버섯이 요
리에 포함되어 있는데 이것을 궁합에 맞게 잘 먹으면 몸에 보양이 되며,
여기까지 버섯 요리를 섭렵해야 버섯 요리에 대해 말 할 수 있다고 한다.

점원이 음식을 내면서 내내 젓가락을 놓지 않는다. 야생 독버섯은 30
분간 먼저 끓여야 하는데 중간에 먹으면 안 되기 때문이다. 독버섯은 매
우 화려하다. 또한 처음 보는 색상이다. 닭고기와 닭육수에 야생 독버
섯을 먼저 넣고 미역귀와 무, 호박, 손으로 만든 면을 넣는다. 산해진미
(山海珍味)라고 할 때 진이 보배 진도 되지만 버섯 진자도 된다고 요리
하는 주인장이 말했다. 그러면서 버섯 요리가 귀한 요리라고 다시 한 번
강조한다.

운남성은 밀림 지역이면서 좋은 버섯이 많이 나는 곳으로도 유명하다.
멀리 운남성까지 와서 마지막에 서쌍판납에서 곤명이나 광저우로 가기
위해 반드시 거쳐가는 경홍에서 하루 쉬었다가 갈 때면 이런 버섯 요리
를 권하고 싶다. 술을 하는 분은 영지로 만든 술을 권하고 싶다. 술맛이
좋은 편이다.

양고기 전문점

차를 많이 마실 때 또는 많이 마시게 될 때 식사를 든든하게 하고 싶을 때 양고기를 찾는 경우가 있는데 자신의 입맛에 맞는 집을 찾기가 쉽지 않다. 하지만 중국에서도 우리와 마찬가지로 손님이 많은 식당은 음식 맛이 좋다. 경홍 시내 음식점이 많은 곳에서 유독 양고기 집으로 알려진 이곳은 비린내가 안 나면서도 우리 입맛에도 좋은 편이다. 이곳의 특징은 여러 가지가 있겠지만 육수를 끓이고, 고기를 넣고 채소를 넣는 모든 과정을 직원이 전부 해준다. 손님은 양념장 코너에서 자신의 음식 기호에 따라 다양한 양념을 섞어서 테이블로 가져와 먹기만 하면 된다. 그래서 양고기라 해도 어렵게 생각할 이유가 없는 집들이 중국에는 많이 있다.

하니족 전통 식당

　운남에서 여러 가지 문화를 보거나 다른 곳으로 이동할 때 경홍 시를 반드시 거치게 되는데, 2017년 9월에 갔을 때는 이무에서 경홍 시로 와서 하루 묵고 귀국하기로 했다. 이무에서 3시간 걸려 경홍에 도착하여 호텔에 짐을 풀고 시내로 나와서 점심을 먹기로 했다. 경홍에서 식사를 하기 위해서 여러 사람들과 다녔는데 좋은 식당에 데려간다고 해서 같이 가보면 매번 하니족이 운영하는 전통 식당이다. 점심 때는 자리를 잡기 어려운데 저녁 조금 이른 시간에 갔을 때는 한가롭게 식사를 했다. 식사 때는 나무 밥통에 밥을 담아주는데 우리나라 쌀과 비슷하여 먹는데 불편하지는 않다. 그래서인지 한국인들이 자주 찾아오고 현지인들도 한국 손님께 접대한다고 잘 이용하는 식당이다. 특이한 전통 향식료만 사용하지 않으면 음식 먹는데 불편함이 없다. 이곳은 식사를 마치고 나면 전통복장으로 자리마다 돌면서 노래를 부르는데 오늘은 너무 일찍 와서 노래는 듣지 못하고 이동을 해야 했다.

경홍의 경란(景蘭) 차시장

　써상판납의 중심지인 경홍에서 Huo Fa 호텔에 5일간 묵었는데, 호텔 정문에서 오른쪽으로 직진하면 또 다른 큰 호텔이 보인다. 그 호텔 맞은편에 景蘭(경란) 차성이라는 표기가 입구에 보인다. 중국에서 차성은 차시장을 말한다. 이곳 차시장 입구에도 태족의 상징인 코끼리 머리가 있는데, 차시장으로서 크게 활성화되지는 않은 것 같다. 안쪽으로 계속 들어가면 여러 가게가 보이는데 나무로 만들어진 盘王古茶(반왕고차) 현판을 보고 들어갔다.

　중국 차시장에서 늘 경험하는 것이지만 온전히 나의 육감으로 찾아간 집들은 대부분 주인이 전문적으로 차는 잘 하는 분이었고, 이곳에서도 그 행운을 만난 것 같다. 차를 내는 분은 경험이 많은 분 같았는데 고차수 '파샤'를 내었다. 파샤는 한국에 비교적 최근 알려진 차로 최근 새롭게 조명 받는 차산지의 차다. 자세히 알아보니 이 가게는 2017년 10월에 오픈했는데 라오스 국경 인근에 자신들의 차밭이 있어 이무 만궁과 맹해 파샤에서 품질 좋은 차를 만들어 판다고 한다. 차를 받아서 판매하는 집과 자신들의 차밭을 가지고 운영하는 집은 가게 내부에서 차이가 나는데 지금 들어온 이런 집이면 차밭을 직접 가지고 운영하는 집으로 볼 수 있다.

남나산에서 죽통차 마시고 긴압하는 날

중국 운남성 서쌍판납 차산지 답사 때 남나산을 10번 다녔는데, 대부분 남나산 800년 고차수만 보았다. 이번에는 쾌활 보이차 정경원 대표의 안내로 남나산의 옛길을 따라 소수민족의 마을과 학교가 있는 곳에서 쾌활 보이차 생산 공장을 건설하는 현장을 확인하고 초재소와 생산 현장에서 다양한 사진 작업을 하면서 새로운 경험을 하게 되었다.

쾌활 보이차 공장은 1층에는 위조와 살청하는 곳이 있다. 2층은 숙소와 차실, 3층은 긴압실과 보관 창고, 옥상에는 강화유리로 쇄청실을 만든다. 2층 별관에도 쇄철실(햇볕말리기)을 만든다. 공장 주변의 땅도 매입하였는데, 그곳에는 한국에서 쾌활 보이차 마니아들이 왔을 때 체험하고 숙박하는 공간을 만든다. 현재 작업장에는 좁은 길의 산에서만 찻잎을 나르거나 한국에서 손님이 왔을 때 타고 다닐 수 있는 ATV차(車)도 준비되어 있다.

약간의 휴식을 취하면서 죽통차를 마시고 싶다고 했는데 직원이 집 옆에서 자라고 있는 대나무로 즉석에서 죽통차를 만든다.

그들이 만드는 방법을 보며 초창기 백복족이 락후족에게 배웠다는 차 만드는 방법을 알 수 있었다. 살청하는 솥이 없을 때 대나무 사이로 찻잎을 끼워서 숯불 위에 돌려가며 열을 가하는 방법이다. 이 방법은 한 번에 많은 차를 다룰 수는 없지만 즉석에서 차를 만들어 마실 때 사용할 수 있다는 것 만으로도 충분하다. 소수민족 마을에 가면 이벤트 형식으로 보여주는데, 이렇게 사전에 예약하지 않고 동행인의 즉석 주문에 바로 마실 수 있게 준비하는 것을 볼 수 있었던 건 매우 좋은 경험이다. 대나무 통에 물을 넣고 불에 그슬린 찻잎으로 죽통을 막고 숯불 위에 넣고 열을 가하게 되면 안의 물이 끓으면서 찻잎의 성분이 우러 나와 차가 되는 것인데, 과거 다른 지역에서 태족들이 마시는 방법과는 조금 다르지만 나름 재미난 죽통차를 마셨다.

　차를 마시고 난 후 압병하는 장소에 가서 1kg 차통에 차를 넣는데 처음엔 필자에게 기념병으로 하나 만들어 준다고 해서 첫 번째 차를 만드는 과정을 촬영했다. 참고로 보통의 경우 보이차 한 편의 무게는 357g이다. 여기서 1kg는 애뢰산 고차수로서 특별히 1kg으로 한 것이다. 제작 방식도 기계로 하든 수작업으로 하든 보통 3단계로 이루어지는데 여기같이 개인 업체에서 수작업으로 진행할 경우 3명이 조를 이루고 손발이 딱딱 맞아야 하는데 가장 중요한 일을 정경원 대표가 하고 있다는 점에서 매우 놀라웠다. 하루에 300개 압병하는 과

정을 세 사람이 돌아가면서 한다고 한다.

한국에서 '좋은 보이차 쾌활 정경원'으로 상표 등록이 되었다면 중국에서 보이차 브랜드로 '鄭景元(정경원)'으로 상표 등록한 이유와 보이차 생산에 대한 자신감을 한 번에 볼 수 있었다.

귀국 후 가방을 열어 차를 꺼내는 순간 너무나도 기분 좋은 차의 향기가 쏟아져 나왔다. 풀어 놓고 테이블에 둔 하루 동안 사무실 안에는 기분 좋은 차향이 그득하게 퍼져 나왔다.

노반장 800년 차왕수 마을

2015년 노반장 정문

맹해에는 노반장 지역을 비롯한 고수차 밭들이 광범위하게 분포해 있고 차창과 각종 보이차 관련 시설 또한 집중되어 있다. 최근엔 보이차를 전문적으로 판매하는 가게도 3000여 개로 폭증했다.

포랑산 노반장은 주변의 신반장, 노만아, 반분, 하개 등과 더불어 일종의 보이차 실크로드를 형성하고 있다. 오르는 길은 과거에 비하면 고속도로와 같다고 할 정도이다. 꼬리를 물고 늘어선 차량 행렬이 옛날의 마방 행렬과 대비된다. 필자는 이곳을 4차례 왔는데, 대문이 3번 정도 바뀐 것 같다.

2017년 삼월에 바뀐 대문은 노반장촌민위원회와 계약 관계에 있는 진승차창에서 일 억여 원을 들여 2016년 10월에 완공했다고 대문에 새겨져 있다.

2017년 노반장 대문

　2008년 진승에서 노반장을 개발할 때부터 진승의 한국 총판을 했던 석가명차 최해철 대표가 그간의 변화를 잘 알고 있어 변화되어온 과정을 짧게 설명을 해주었다. 노반장 찻값이 올라가면서 대문도 점점 크고 화려하게 변해갔다. 사진은 최근에 바뀐 대문인데 대문을 자꾸 바꾸는 이유는 사람이 많이 찾아오고 돈이 들어오는 상황이라 조금이라도 더 좋게 하기 위한 것으로 보인다.

　노반장 대문 앞에 차를 세우고 20여 분 마을을 반 바퀴 돌아 차왕수를 직접 본다. 필자는 2013년부터 매년 노반장 차왕수를 찾아갔는데, 가장 생기발랄해 보였던 2013년과는 다르게 14년은 마을에서도 인지하였는지 차왕수 주변에 울타리를 쳤다. 2017년에 이르러서는 차왕수가 곤혹을 치르고 있다는 것이 찻잎에서 느껴질 정도이니 이제는 차왕수와 그 주변에 사람들이 접근하지 못하게 철조망을 쳐서 멀찍이서 관망하게 만들어 놓았다.

　마을 입구에는 은행이 있다. 132 가구밖에 없는 마을에 은행이 들어왔다는 것은 아주 드문 일이다. 아마 전 세계 어디에도 없을 산골 은행이다. 이곳의 소수민족은 하니족으로 주변이 모두 산중의 별장마을이 되었다. 올해 차왕수 경매 입찰 가격은 약 육천만 원으로 팔각정 상표로 알려진 차창의 협조상인 양선생에게 낙찰되었다. 우리가 다녀간 다음날인 3월 30일에 채엽 행

800년 차왕수와 저자

사가 있었는데 차왕과 차후수를 합하여 생엽으로 12kg이 생산되었다. 가공을 하면 약 3kg의 모차가 만들어 지는데 1kg에 이천만 원이다. 이 주인은 차나무 한 그루로 평생을 경제적 부담에서 해방될 수 있게 되었다. 뿐만 아니라 차나무가 죽지 않는 한 자손 대대로 영화를 누릴 수 있다. 현재 노반장 지역의 한 가구당 연소득은 평균 4억 정도로 추정되는데 중국 물가에 비하면 엄청난 금액이다. 돈은 벌기도 어렵지만 잘 쓰기는 더욱 어려운 것 같다. 특히 특별한 노력 없이 생긴 돈은 관리하기가 더욱 어려울 것 같다.

우리는 나무 보호를 위한 철조망 너머에서 차왕수만 보고 돌아 나왔다. 울타리에는 작업 편의상 찻잎 따는 모습을 볼 수 없게 검정 천을 둘러놓았는데, 돌아오는 길에 보니 잠시 누가 출입하느라 입구가 열려 있었다. 촬영을 막는 건 아니었기에 얼른 이해동 선생님과 함께 내려가서 채엽하는 사람들의 모습을 촬영하고 나왔다.

우리는 최해철 대표의 안내로 그가 오랫동안 거래하고 있는 집에서 올해 생산된 노반장 고수차를 마셔볼 수 있었다. 노반장이 유명해진 이유는 쓴맛, 떫은맛, 단맛 등을 골고루 갖춘 데다 빠르고 화려한 회감(차를 마시고 난 뒤에 나오는 맛)까지 있기 때문이다. 진정한 노반장 차는 한번 맛본 사람은 잊을 수 없는 강렬한 인상을 남긴다는데, 그 차를 방금 만든 모차로 양을 넉넉히 해 마셨다. 특히 이 집은 최 사장과 오랜 친구로서 특별한 가격에 주는데, 최 대표가 우리랑 같이 오자 주인이 한 말을 전해줬다.

"손님들이 있을 땐 어떻게 해야 하냐고 물어옵니다. 저희를 믿고 이역만리를 날아오신 손님들을 생각하면 당연히 봉사가격으로 드려야겠지만 주인 입장에서는 원가가 오픈되면 곤란하다고 합니다."

현재 노반장은 1kg에 5000~8000위안 사이에 거래되고 있는데, 단주라고 불리는 특별히 오래된 차나무는 보통 일반 시세의 두 세배에 거래되고 있다고 한다. 이런 상황이니 도매로 거래되는 찻잎 가격을 여러 사람에게 오픈하면 판매자 입장에서 곤란할 수도 있겠다는 생각이 든다.

차의 거래가, 일반적인 수입 등에 대해 듣다보면 사람이라는 존재가 차를 얻기 위해 부리는 과욕을 보는 것 같아 마음이 씁쓸하다. 땅도 쉬어가며 경작을 하는데 이파리가 영글기도 전에 수확한다고 해서 그 맛이 날 수 있을까. 지금은 과거처럼 차 맛이 아닌 이름 맛으로 마시는 모양새가 연출되는게 아닐까하는 생각도 든다. 중국 전역에서 찾는 노반장의 인기는 그저 노반장만의 고유한 특징과 맛을 알고 싶은 호기심 때문일까? 필자는 800년 된 노반장의 차왕수를 가까이 보면서 느낀 나무의 외로운 인상을 지울 수 없어 사진을 볼 때마다 안타까운 마음이 생기곤 한다.

노파심이랄까? 아니면 필자도 욕심이 많은 사람이라서 그럴까. 가끔 지금 이렇게 스포트라이트를 받고 있는 노반장이 스리슬쩍 지나가면 사람들이 또 어디에 욕심들을 낼까 궁금해지기도 한다.

노반장 마을과 허카이 마을

가까운 거리임에도 노반장 마을의 차와 허카이 마을의 차가 다른 이유는 나무의 종류가 다르기 때문이라고 한다. 노반장 마을의 차산을 구석구석 살펴보면 과연 이름값 하는 차라는 생각이 든다. 물론 양 지역 모두 토양은 더할 나위 없이 매우 비옥하다. 노반장 마을의 차나무는 무슨 이유인지 몰라도 옆으로 쓰러져 있는데 그 쓰러진 나무 몸통에서 다시 새순을 틔우고 위로 자라나 이파리를 내놓은 차나무를 보면 이 지역의 놀라운 토양과 밀림의 생명력을 볼 수 있다.

허카이 4호 보호수

반면 허카이 지역의 차산은 나무와 나무 사이가 띄엄띄엄 떨어져 있다. 말하자면 한쪽은 밀림 스타일인데 한쪽은 간격이 있는 포도농원 스타일이라고나 할까. 이를 통해 두 지역의 흥미로운 사실을 발견할 수 있다. 하나는 나무가 밀림처럼 자라다 보니 자연 혼재 형태이며 강한 나무들이 주종을 이루게 된다는 사실이다. 그래서 노반장 차나무들의 차성이 강렬한 것인지도 모른다. 허카이에는 차나무뿐만이 아니라 다른 나무들도 있지만 서로 강한 간섭은 없는 듯하다. 결과로 이 지역의 차 맛은 그러한 자연적 구성과 크게 다르지 않은 것 같다.

고차수로만 두 지역을 비교한다면, 이런 저런 조건으로 구분을 한다고는 하지만 고차수라는 이름이 붙었다고 모든 차가 공통된 맛을 내지는 않는다. 현장에서 정직한 채엽을 통해 만든 고차수의 차는 혼재된 찻잎에서 찾을 수 없는 맛을 낸다. 사실 고차수는 다 같은 것으로 볼 수 있다. 맛의 차이는 환경이 만들어낸 결과물이다. 주변의 수종들과 어우러진 경우, 그렇지 않은 경우 등등 환경의 차이가 차 맛을 결정하며, 그래서 요즘 추세와 근황으로 적절한 채엽이 더욱 중요해지는 것이다.

여러 사람이 내놓은 허카이 차에 대한 감평과 음미의 감상들이 많은데 노반장 대용으로서의 의미, 또는 노반장이 워낙 유명하니 근처 차산에서 생산되는 보이차에 대한 궁금함 등이 허카이 고차수 보이차의 수요를 올리는 것인지도 모르겠다.

최근에 생긴 이슈를 간단히 말하면, 예전의 노반장 맛이 현재에도 유지되고 있느냐의 문제이다. 보이차가 점점 알려지면서 고수차를 찾는 사람 또한 증가하지만 생산량은 한정되어 있다. 소비자의 요구에 따라 생산량을 늘리다보면 과채엽의 문제가 발생하고 품질은 점점 떨어질 수밖에 없다. 지금은 다른 어떤 지역보다 독특한 향기와 강한 차성으로 유명한 노반장이지만 불과 십여 년 전 까지만 해도 찾는 사람이 드물었다. 가격 또한 기타 차산과 큰 차이가 없어서 독특한 차성을 살린 병배차와 숙차의 원료로도 사용되곤 했다. 그러나 지금은 상황이 완전히 달라졌다. 오히려 다른 지역의 차를 노반장에 일정량 병배하여 순료 노반장 차로 둔갑시켜 판매하는 경우도 종종 볼 수 있다.

방분채를 지나 허카이에 도착하면, 군데군데 새롭게 조성한 차밭들도 보인다. 육칠십 년대 문화혁명 시기는 타율적 경제 작물로의 전환기였다면 지금은 자율적 전환이라 볼 수 있다. 허카이 지방 정부 4호 보호수로 지정되어있는 800년 고차수 바로 옆에 진미호 초재소가 있다. 사진에 보이는 '보호수'는 '천년 고차수'라고 하는데, 다른 고차수에 비하여 특별한 향과 맛이 있는 것은 아니라고 한다. 다만 희소가치에 의한 특별한 의미가 있다고 할까? 필자는 여기를 4번 방문했지만 여기 고차수로 만든 차는 마셔보지 못

했다.

　수령이 오래되었다고 대단한 약리작용을 하는 것처럼 선전도 많이 하지만 차는 차일 뿐이라는 생각에는 아직도 변함이 없다. 하지만 이런 고차수를 보면 마음이 좀 경건해지는 듯한, 차생을 바르게 하고 싶은 생각이 든다. 비가 올 때는 고즈넉한 분위기에 세상 힘든 일을 잊고 잠시 쉬어가고 싶다는 생각만 든다.

보이차의 숫자

　어느 차산에서 딴 찻잎으로 만들었는지에 따라 차의 맛은 달라진다. 때문에 보이차의 이름을 붙일 때 특정 차산의 이름을 따서 차의 이름을 정하는 경우가 종종 있다. 예를 들어 이무정산 야생차, 반장대수차, 노만아고수차 등이 바로 그렇게 이름을 붙인 차다.

　그런가 하면 지역이나 품종이 아닌 7542, 7572, 8582 등 숫자로 이름을 붙인 보이차 역시 자주 볼 수 있다. 이렇게 숫자로 이름이 되어있는 차를 중국에서는 '맥호차'라고도 하는데, 이러한 숫자는 과연 무슨 의미일까?

이 숫자는 수출의 편의를 위해 1974년 운남차엽공사에서 만든 것으로 차에 대한 정보를 담고 있는 숫자의 조합이다. 앞의 두 자리 숫자는 보이차의 찻잎을 혼용하는 방법인 '배방'이 만들어진 해를 의미하고, 세 번째 숫자는 쓰인 찻잎의 평균 등급, 네 번째 숫자는 생산 차창의 고유번호다. 맹해차창의 대표 상품인 7542를 예로 들면, 1975년에 만들어진 배방으로 평균 4등급의 원료를 사용해, 고유번호 2번을 사용하는 맹해차창에서 생산했다는 의미이다. 차창의 고유번호는 1번 곤명차창, 2번 맹해차창, 3번 하관차창, 4번 보이차창 순으로 부여되었다. 산차의 경우 5자리를 사용하는 경우도 있는데, 이럴 경우 세 번째와 네 번째 자릿수가 등급을 나타내는 것이라는 것만 유의하면 된다.

보이차의 역사를 이끌어온 맹해차창이 2004년 민영화가 되면서 처음으로 나온 7542는 백포조 '501'이다. '502'는 두 번째 나온 차인데 501과는 맛과 가격 면에서 큰 차이가 있다.

대익보이차의 명칭은 매우 중요다. 제품을 만들 때는 병배를 잘하여 원칙적으로는 같은 맛이어야 한다. 하지만 사실 모든 차의 맛이 균일하지는 않으며, 차의 보관 장소에 따라서도 현격한 차이가 난다. 똑같은 7542 501이라고 해도 2005년 출시된 차를 바로 한국으로 가져와 보관한 것과 2005년부터 10년간 습열이 높은 지역인 운남이나 광동에서 보관한 것은 확연히 맛과 향기가 다를 수밖에 없다.

보이차의 역사를 간직한 맹해차창

보이차에 조금이라도 관심을 가지고 있거나 그 역사에 대해서 알고자 하면 맹해차창의 존재를 반드시 알게 된다. 보이차는 1729년 공차(貢茶)로 지정되어 200년간 황실에 공납되면서 최대의 번영기를 맞았다가 청말 중화민국 초기에 관료들의 부패와 과중한 세금, 혼란한 치안과 질병 등 복합적인 이유로 한동안 쇠퇴기를 겪었

다. (신중국 건국 후) 이때 보이차의 중심은 이무(易武)에서 맹해로 옮겨지게 된다. 그러면서 맹해 차창은 자연스럽게 원차(圓茶)를 생산하는 최대의 차창이 되었다. '맹해'에서 '맹'은 태족어(傣族語)로 지방을 가리키며, '해'는 '대단한' 혹은 '용감한'이란 뜻이다. 맹해란 곧 '용감한 자가 거주하는 지방'이란 의미다.

필자가 맹해차창을 처음 방문한 때는 2005년 여름인데 그 회사와 인연이 닿지 않아서 공장 안으로는 들어가지 못하고 외부만 둘러본 채 돌아선 것이 아쉬움으로 남는다. 이후에도 여러 차례 맹해를 방문했지만 차창 안 볼 기회는 얻지 못했다.

진승차창

복건성에서 철관음으로 성공한 진승하 회장이 2008년 노반장 마을 주민들과 독점 계약을 하고 본격적으로 개발하면서 일시에 고수 보이차 업계의 선두로 성장한 회사. 진승의 진승하 창장(진승의 회장. 지금은 아들이 창장을 맡고 있음)이 포랑산 꼭대기 마을 노반장 고수차  밭에 독점 투자하고 도로를 새로 건설하면서부터 불기 시장한 고수차 열풍은 단순히 노차와 신차로 분류되던 차 시장의 흐름을 고수차와 대지차로 새롭게 분리시켰다. 나아가 고수노차, 고수신차, 고수병배차, 고수단미차, 고수숙차 등으로 의미를 확장시켰다. 비록 9년에 불과하지만 시장의 흐름을 바꿔 놓기에는 충분한 시간이었다. 이후 이무의 복원창 고택을 인수하면서 이무 지역 또한 개발하고 있으며 최근엔 남나산. 나카 등에도 대형 초재소를 지어서 고수차를 생산하고 있다.

회사의 로비로 들어가면 기본적으로 생산품을 볼 수 있다. 회사 로비에는 운남에서 가장 큰 차탁이 있는데 단체 손님을 한 번에 치룰 수 있을 만큼 큰 차탁이라 외형적으로 상당히 '있어 보이는' 외견이다.

2013년, 중국 난창 강 중하류의 세계 차나무 원산지에 있던 '차수왕(茶樹王)'이라 불리던 나무가 고사했다. 고사 후 4개월 만에 산 아래의 맹해현으로 옮겨졌는데, 현재 이 나무를 보관하고 있는 곳이 바로 진승차창이다.

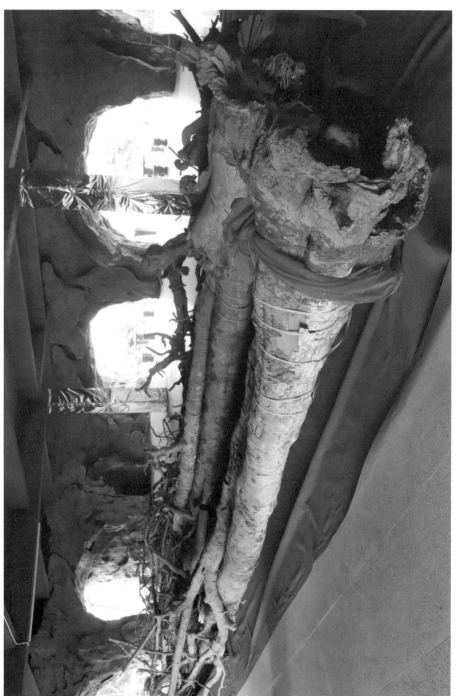

전승자댁에서 보관하고 있는 차수왕

우림고차방(雨林古茶坊)

9월 26일부터 5박 6일간의 일정으로 인천에서 당일 비행기를 세 번 갈아 타고 서쌍판납 경홍 공항에 도착하여 우림고차방 직원의 안내를 받아 회사 리조텔로 직행하였다. 당일은 깊은 밤이어서 주변의 풍광을 잘 몰랐지만 아 침에 새가 지저귀는 소리에 잠을 깨었는데, 내가 머문 곳은 주변이 온통 차 밭이고 그 차밭의 중심에 지은 집이었다.

우림고차방의 리조트는 한국의 재벌 기업이 만든 그 어떤 곳과도 비교할 수 없는 대단한 휴양 시설이다. 적어도 차인들이 쉴 수 있는 공간이라는 측면에서 볼 때는 단연 최고라 할 수 있겠다. 구조는 1동, 2동, 3동 등으로 11동까지 나누어진다. 하나의 동은 큰 방 한 채와 더블 침대가 있는 두 공간으로 되어 있고 전용 차실도 한 채 있다. 각 동의 내실에는 TV만 없고 차를 즐길 수 있는 모든 시설이 완벽하게 갖추어져 있다. 우리는 주로 아침 식사 후에 수영장 위에 있는 티 테이블이나 숙소 전용 차실에서 차를 마셨다. 물은 작은 물병으로 벽장 같은 곳에 가득 채워져 있었다.

이곳에서 처음 마신 차는 환형의 소타형 생차였다. 5명이 하나의 개완에 조금 농한 정도의 차를 마셨는데도 풍미가 좋았다. 다음으로 철옥이라는 아주 어린 찻잎으로 만든 홍차를 마셨다. 맛을 잘 알고 싶어서 필자가 준비해 간 삼다수 물과 그 회사에서 준비한 생수를 비교해 마셔보았지만, 우리 입맛에는 크게 다르지 않았다. 리조트의 해발 고도가 높아서 물 끓임이 100도까지 가지 않아서인지 물을 바꿨을 때보다는 객실에서 벗어나 본관 1층 차실에서 마셨을 때가 차의 특장점을 훨씬 뚜렷하게 느낄 수 있었다.

나중에 1층 수영장 위에 만들어진 차실에서 철옥을 다시 마셨는데, 앞서 말한 물의 끓는 온도 때문인지 아니면 차의 양을 더 많이 넣어서인지 더 좋은 맛으로 시음하였다.

마지막 날 오전에 수영장 위에 있는 넓은 차탁에서 차를 마실 때 차오보 씨가 차를 내었는데 천상 차꾼인 모습으로 추임새를 보여주며 부족한 차 맛을 보완해 주고 차와 맛과 사람의 멋이 어우러지는 즐거운 기분으로 한 때를 보냈다. 4일간 매일 아침저녁으로 숙소인 3동과 5동 차실 중에서 전망이 더 좋은 5동 차실을 오가며 즐긴 시간이었다.

우림고차방 진군일(陈军日) 부대표를 차실에서 예약한 시간에 만났다. 우림고차방에 대해 미래지향적으로 보고 있는 차오보(曹博) 씨의 소개와 통역으로 백비헌 박규용 사장과 함께 자리를 하였다. 티웰(teawell)에서 발행한 〈보이차 도감〉과 〈아름다운 차도구〉 잡지를 소개하면서 아름다운 차도구 14호에 우림고차방에서 대한 기사를 내고 싶다고 전했다. 책을 살펴보고는 우림고차방 임원 가운데 4명만이 동행하여 볼 수 있는 원료 창고로 자리를 이동하였다. 각 200평 규모의 보관 창고 6개 동은 실로 대단한 시설을 갖추고 있었다. 보통 어떤 회사를 방문하면 생산 시설을 견학하고 그 기업의 국내외 활동을 영상으로 보는 정도로 진행되는데, 진군일(陈军日) 부대표는 보이차를 긴압하여 완성품으로 만들기 위해 준비해둔 모차를 등급별로 보관해 둔 창고

우림고차방 모차 창고와 자료실

를 공개한 것이다. 이에 더해 조만간 출시할 숙차이면서 악퇴 과정을 마치고 선별할 때 '아'만 선별한 제품을 박스째로 보여주었다. 우리는 향을 맡고 만져보기도 하면서 이렇게 완성도가 높은 숙차가 어떤 마케팅을 거쳐 시장에 나올지 궁금해졌다.

고차수로 만든 모차 창고의 모든 박스에는 채엽 일자가 있고, 생산 시기와 작업자 이름이 있다. 특별한 모차 3종류에 대한 설명을 들었는데, 기업의 임원이 원료 창고를 직접 안내하며 차 하나하나에 대한 상품의 특성을 설명해 주는 모습을 보니 일반 기업의 단순한 생산 시설 견학이나 마케팅 차원의 안내와는 전혀 다른 모습을 볼 수 있었다. 이러한 모습을 통해 진군일(陈军日) 부대표가 차에 대하여 해박한 지식과 마케팅 방향까지 꿰고 있음을 잘 알 수 있었다.

보이 생차 시장에서는 후발주자라고 할 만한 기업이 이런 자신감으로 새로운 상품 하나하나 출시할 때 다른 기업과의 차별성을 느낄 수 있을 것으로 보인다. 중국 돈 50억 위안의 모차가 모여 있다는 것만으로 우림고차방은 앞으로 새롭게 보이차 시장에서 큰 방향을 지시하게 될 것 같다. 또 그들의 방식으로 시장을 끌고 갈 공산이 클 것 같다.

다음으로 자료실에 안내되었다.

보이차 자료실은 다른 건물에 있는데 2층 전체가 자료실이다. 우림에서 생산한 모든 차의 샘플이 박스에 담겨 보관되고 있다. 채엽 시기와 제작 일시, 작업자, 농가 등이 세세하게 나온다. 원하는 차를 말하면 그대로 날짜를

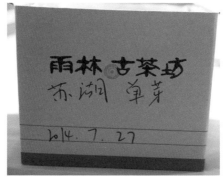

보이차 자료실의 샘플 박스 (좌) / 우림고수차 2017년 금병(우)

찾아서 박스를 꺼내어 주는데 육안으로 모차의 상태를 보고 향도 맡을 수 있다. 차 산지별 자료실은 회사에는 무엇보다 큰 자산이다. 생육에 대한 데이터이면서도 가공, 상품, 유통의 영역까지도 같이 기록이 될 테니 말이다. 앞으로 이 자산의 규모가 더 커질 것이다.

채엽이 많은 시기에는 작업자가 차엽을 공장까지 가지고 오기 전에 중간 지점에 수분을 날리는 위조 공정을 할 수 있도록 그늘막 형태로 지어진 곳이

위조 :

차의 제조 공정에서 찻잎을 따서 그늘에 말리는 과정이 있는데 정식으로 위조 공정으로 진행할 때 위조라고 한다.

탐방 :

보이차에서는 위조 공정이 없다. 여기서 탐방이라 하는 것은 높은 차 산지에서 찻잎을 따는 과정에 비를 맞게 될 때 마을로 내려가기 전에 잠시 수분을 날리는 과정.

보인다. 학술적으로 좀 더 정확히 이야기하면, 위조 과정이 아니라 탐방이다. 그렇게 해서 주변 자연환경이 좋은 고차수 산지를 보고 나서 마을로 내려왔다. 산에서 가까운 곳에는 우림고차방의 공장이 자리 잡고 있다. 보이차 생산 시설이 갖추어져 있는 공장인데, 그곳에서 식사를 하였다.

이제는 식사 메뉴를 걱정하지 않을 만큼 입맛이 중국 음식에 잘 적응하였는데, 이날의 메뉴는 오리탕과 돼지고기 요리와 감자, 야채 등이었다.

식사를 마치고 공장으로 들어갔다. 이곳에서 보이차의 살청 시설과 위조조, 유념기를 보았다. 그리고 2004년에 심양모첨 생산 공장에서 처음 본 적이 있는 기계를 이 회사에서 다시 보았다. 이전에 녹차 제조 과정에서 보던 것이기에 즉시 알아보았다. 고차수로 만든 찻잎의 모양을 다듬기 위해 좌우로 흔들면서 형태를 잡는 공정에서 기다란 봉을 넣어 형태를 잡는 기계도 여러 대 보였다. 한 쪽에 여러 작업을 거쳐 완성한 홍차가 쌓여있어서 손으로

한 줌 들어 향을 맡아 보았다. 고차수로 만들어 형태를 반듯하게 다듬어 놓은 차들은 시장에서 인기가 좋을 만해 보였다. 운남 고차수로 만든 홍차의 형태는 유럽이나 대만에서 생산한 홍차의 형태와는 전혀 다르다. 항상 이 외형에 대한 의문이 있었는데 실제 생산 공정을 보니 궁금증이 풀렸다.

그 다음에는 보이 생차 작업장을 보았다.

이 공장을 지을 때 자연적으로 있던 큰 바위를 그대로 살려서 공장 내부를 지었다고 한다. 한쪽에서 보면 거북이 등같이 솟아 있어서 공장 안이 다소 좁아 보였는데, 그 바위를 중심으로 좌우에서 작업자들이 열심히 생차를 긴압하여 병차로 만드는 작업을 하고 있었다.

완성된 차는 일일이 전수검사를 하여 병면의 흠을 찾아내어 제거하는 작업을 거친다. 이 작업의 중요한 포인트 하나는 보이차 하나 하나를 확대경으로 전수 검사를 하는데 있다. 보이차의 크고 작은 찻잎에 붙은 약간의 이물질도 허용하지 않고 모두 치밀하게 제거한다. 차는 맛만 좋으면 된다는 생각으로는 시장에서 경쟁력을 키울 수 없다는 것을 여실히 보여주는 작업이다. 이 공정을 지켜보자니 보이차가 어떤 산업으로 어떻게 발전할 수 있을까 하는 생각을 하게 된다. 또 이런 작업을 하는 회사들 자체가 보이차를 하나의 큰 산업으로 육성시키는 과정으로 여겨지기도 했다.

지금은 차 또한 와인처럼 철저한 원산지 관리와 병배 기술로 맛과 품질을 유지하는데 상당히 공을 들이고 있다. 좋은 환경에서 자란 보이차가 인체에 유익하다는 명확한 마케팅까지 더해진다. 이들이 제시하는 가격은 우리의 상상을 뛰어넘는다. 가격이 비싼 이유는 바로 그만큼의 신뢰를 보장한다는 것이다.

우리는 거의 공짜로 누리다시피 하는 신뢰의 가격.

우리 시장에서는 과연 어떻게 신뢰의 가격이 매겨질까?

맹송산 1300년 남본노채

우림고차방은 2012년 설립 시 "진정한 고차수, 전통적 수법"을 브랜드의 발전 이념으로 삼았는데, 보기에는 간단한 이 문장은 다름 아닌 우림인들이 견지하는 제다의 초심이다. '이를 위해서 우림인들은 상당히 고달프고 힘든 노동을 대가로 치렀는데, 이는 오로지 오랜 전통의 전승과 실천이행을 위한 것이다.'라고 명문에 밝히고 있다. 차산의 현장을 탐방하는 길도 이 명문처럼 늘 어렵다. 이번 남본노채를 방문할 때처럼 비바람이 몰아치는 가운데 차산을 오르는 일은 그중에서도 매우 힘든 여정이었다.

오후 2시경 차산으로 출발하는데 이번에는 우림고차방에 오신 중국 손님 6명과 우리 팀 5명이 함께 하였다. 안전사고 대비와 안내를 위해 우림 측에서 3명이 동행했다. 회사에서 휴대용 물통에 넣은 차와 뜨거운 물까지 하나씩 제공해 주었다. 출발할 때는 비가 오지 않았는데 산 중턱까지 도착하니 비바람이 몰아쳤다. 모두 우비를 입고 지팡이를 짚고 산으로 올랐다. 1300년 고차수를 보러 가는 길이었지만 가는 중간 중간 차를 공부하는 사람들에게 좋은 곳이 보이면 멈추어 설명도 해주었다. 30분쯤 올랐을 때 야생 고도형 차나무가 보였다. 고도형 차나무란, 야생과 인공재배 사이의 차나무를 말하는데, 나무에 매달린 차 씨앗이 매우 커 보였다. 비가 너무 많이 와서 촬영에 어려움이 있어 정확한 사진 작업은 못 했지만, 나무 바로 아래서 위를 올려다보니 끝이 보이지 않는 모습에 그 크기를 가늠할 수 있었다.

사실 차나무의 연대 측정은 과학적으로만 할 수 있는 것은 아니라 한다. 그 당시의 시대적 배경을 따져 이 지역이 차나무를 심을 만큼 경제적으로 부유했던 건 언제였는가를 볼 수도 있다. 왜냐하면 역사적으로 볼 때 먹고 사는 일이 편안할 때 차나무를 심고, 국가에서도 차 문화를 장려했기 때문이다. 때문에 우선 역사적으로 각 마을의 경제적 상황을 잘 검토하고 나서 두 번째로 과학적 방법으로 차나무의 수령을 가늠한다고 한다. 매우 공감이 가는 말이었다. 그런 측면에서 보면 이 지역은 300년 정도의 차나무들이 즐비한 편이다. 큰 나무 아래에 작은 나무들도 볼 수 있는데, 이런 작은 나무들은

1300년 고수차

나중에 심은 것으로 수령이 70년 전후라고 한다.

산행하는 동안 계속 주변의 차나무를 볼 수 있다. 차나무의 씨앗은 세 개씩 뭉친 것이 가장 많이 보이지만 종종 네 개가 하나로 뭉쳐있는 것도 볼 수 있다. 중간에 햇볕을 잘 받는 곳에는 자연차도 보인다. 그렇게 숲은 헤치고 올라가 드디어 우리가 찾는 수령 1300년의 고차수를 만났다. 주변과 비교해 볼 때 확연히 다른 점은 차나무의 잎이 특이하게도 높게 솟아오른 나무의 위에만 편중되어 있다는 것이다. 당연히 중심이 잘 잡히지 않는 여건이라 큰 대나무 사다리를 대어 나무의 좌우 중심을 잡아주고 있다. 엄청난 비바람에 균형 잡힌 멋진 사진을 찍지 못했지만 맹송 지역 고차수와 그 주변 환경을 확인하고 내려온 것만으로도 큰 수확이었다.

하산할 때는 올라간 길이 아닌 다른 방향으로 내려왔는데 간간이 자연환경이 좋은 곳에서만 자라는 식물들을 볼 수 있었고 오래된 차나무들에 번호가 붙어있는 것을 볼 수 있었다. 그만큼 고차수들의 관리가 잘 되고 있다는 증거이다.

진미호

진미호는 2006년 구명충에 의해 설립되었다. 군인 출신인 구 대표는 여러 난관을 겪었지만, 제일 먼저 시작한 일은 촌민과의 유대 관계 구축이었다. 각 지역 산채를 일일이 방문하여 그들과 뒹굴다시피 살면서 형님 동생의 연을 맺었다. 그 인연으로 모차 장사를 시작했고, 조금씩 좋은 원료를 확보하여 진미호 차를 생산, 출하하기 시작했다. 진미호는 처음부터 고수차를 전통방식으로 생산해서 고수차 시장에서 이름이 알려졌고, 각종 투차대회(시음회)를 통해 차품을 인정받아 마니아층을 형성해왔다. 2011년부터 한국의 석가명차에서 본격적으로 진미호에 투자하면서 생산량이 늘어나기 시작했다. 한국 사람에게 알려진 계기는 2012년 서울 코엑스 국제차문화대전에 출품하면서 이다. 이때 박람회 방문자들에게 많은 호평을 받았는데 필자도 그곳에서 진미호 차를 접하고 매력을 느끼게 되어 진미호 고수차를 초대한 석

진미호 공장 정문

가명차 최 대표에게 운남성 탐방길에 진미호 공장을 갈 때 함께 가고 싶다고 미리 부탁을 해두었다. 덕분에 2013년부터 2016년까지 3번이나 맹해에 있는 진미호 공장을 방문할 수 있었다.

서쌍판납 아홉 개 명산의 정선한 고수차 원료와, 100% 석모 긴압, 위조 방지를 위한 절편 내비, 경면주사로 찍은 제품 표시, 풀어 헤칠수록 느껴지는 포장의 정성 등 진미호의 장점은 아주 많다. 무엇보다 진미호 구명충 대표는 '사람에 투자하자'는 본인의 신념에 걸맞은 인격의 소유자로 인정받고 있다. 매년 진미호 차의 출시 가격은 그해의 모차 수매 가격의 인상 분 만큼만 반영한다. 구 대표는 해마다 봄차 출하가 끝나면 중국의 각 지역 대리상들을 일일이 찾아가 만나서 여러 가지 문제점이나 개선 방향 등을 취합하곤 한다.

그런 순수하고 성실한 모습이 많은 대리상 점주들로부터 신뢰를 얻었다. 투자자가 늘어나면서 중국 특유의 꽌시(관계 또는 의리)와 함께 진미호가 너무도 화려하고 큰 날개를 달고 고차수 보이차 시장에서 자리를 잡고 있다.

그동안 진미호의 가장 큰 문제점이자 숙원 사업은 자체 생산 공장을 두는 것이었다. 하지만 자금 사정 때문에 부득이하게 미루고 있었는데 2016년, 마오타이주 원료 공장을 운영하고 있는 '아중'이라는 분이 진미호에 거금을 투자하면서 마침내 꿈을 이루었다. 그것도 운남의 보이차창 중에서 가장 아름다운 생산 공장을 지을 수 있었다! 마치 공원처럼 조성된 대규모의 차창이다. 2016년 방문 때 일행들을 대표해서 한 가지 질문을 했다. 만약 구 대표가 건강이 갑자기 악화되었을 때 차를 마신다면 어떤 차를 마실 것인가? 그의 답변은 늘 하루 종일 차를 마시기 때문에 차 마시는 것을 끊는다고 했다. 차가 아무리 좋다고 해도 건강할 때 건강을 지켜주는 것이지, 늘 차를 마시는 경우는 위급한 상황에서 역으로 생각해볼 문제라고 본다. 이날 일행 중에 의사 두 분이 동행했는데 의외의 답변이지만 상당히 이해가 가는 부분이라고 했다.

맹해 차 시장

맹해(勐海)에는 현재 맹해차성(勐海茶城)을 비롯하여 관성차성(冠成茶城) 사계차성(四季茶城) 가명차성(佳茗茶城) 춘해차성(春海茶城) 등의 차 전문 시장이 있다. 최근에 개발된 맹해차성을 중심으로 말 그대로 차의 성을 이루고 있는데 대부분 보이차 원료와 완성품들을 판매하는 가게들이다. 한국의 석가명차가 자리하고 있는 신시가지 중심 주변으로는 각종 호텔과 음식점들도 들어서 있는데 태족(泰族) 풍의 건물과 각종 소수민족의 특색을 살린 식당들도 성업 중에 있다. 서쌍판납 공항에서 택시로 40분 거리에 있

기에 많은 사람들이 이무 지역으로 바로 가지 않는다면 시내로 들어와서 숙
박을 하면서 맹해차성 시장을 둘러보는 시간을 가진다. 다음은 맹해차성에
서 들러볼 만한 가게들이다.

야진고차(野臻古茶)

태족 여인인 위잉빙(玉応丙)이 운영하는 가게다. 보이차 원료를 주로 판
매하는데 비교적 이른 시기인 2000년 초부터 영업을 시작하여 지금은 맹
해의 대표적인 모차 판매상으로 성장하였다. 현재 가게가 있는 건물을 포함
하여 여러 군데 본인 소유의 건물이 있으며 오운산고차도 그와의 인연으로
시작하게 되었다.

성태창(城泰昌)

대만에서 온 진환광(陳煥光)이라는 분이 운영하는 가게다. 2010년 임창 쪽에 대규모의 동방미인 차밭을 조성하여 현재 생산하고 있다. 일부는 중국 에도 판매하지만 대부분 대만으로 수출하고 있다. 더불어 대만 지역의 보이 노차도 일부 소개하고 있으며 맹해 지역 특산품인 벌꿀 버섯 등도 판매하고 있다.

석가명차(石佳茗茶)

한국의 석가명차의 최해철 대표가 오운산(悟云山) "운남의 차산을 깨닫다"는 의미의 상표로 2014년 설립한 회사다. 보이차의 원산지인 맹해에 한국인 명의로 설립된 최초로 회사다. 고수차(古樹茶) 전문 생산 업체이며 중국 내수 시장을 개척함과 동시에 한국, 미국, 프랑스 등에도 수출하고 있다. 맹해차성 시장 입구에서 직선거리로 300미터 정도 가면 보이는데 성태창 (城泰昌)과 같은 건물에 한국의 석가명차에서 오운산 브랜드로 가게를 연 곳이 있다. 올해 10월에 방문했을 때는 마침 직원 두 명이 있었다. 남자 직원 과 여자 직원이 있는데 모두 반갑게 맞이하며 마시고 싶은 차를 물었다. 남 자 직원은 3월에 임창 지역을 같이 여행했고 자주 만났던 직원이라서 조금

은 편하게 '파량'를 마시고 싶다고 했다. 그 차 맛을 다른 일행들에게도 맛보여주고 싶었다. 파량은 역시 한국에서 마실 때와 중국 현지에서 마실 때 모두 같은 맛과 향기가 아주 고급스럽게 나왔다. 차의 풍미는 이럴 때 그 기분이 배가되는 것 같다.

다음으로는 '향죽청'을 시음했는데 함께한 일행들 모두 좋은 차를 마시게 되었다고 인사를 하고 나왔다. 이 차들은 최근 가격이 많이 오른 고급차이다.

타국에서 한국인이 운영하는 보이차 전문점을 찾아가서 차를 시음하면서 편하게 자료를 확인하고 나올 수 있는 곳을 발견하는 것은 쉽지 않은 일이다. 돌아오면서 현관문 위의 LED 가격 현황판을 보니 여전히 오운산 고차에서 매매하는 모차 가격이 돌아가고 있다. 중국인들은 이런 가격 정보 같은 것을 타인에게 알려주지 않는다. 세월이 많이 바뀌어 지금은 정보 자체는 사실 그들에게 '투데이 리포트'에 지나지 않지만, 전통적으로 자기만의 정보로 치고 다른 이들과 소통할 거리가 되고, 흥정의 도구가 된다고 여기기 때문이다. 석가명차의 현관문에 걸려 가격을 알려주는 현황판과 그것을 멀리서 받아 적고 있는 중국 사람들을 보면 그들의 내면적 생활방식과 그에 반해 도전적인 한국식 오픈 마인드를 동시에 보는 것 같아 흥미롭다. 이런 면에서 한국인의 대범한 위상을 간접적으로 볼 수 있어서 일면 기분이 좋은 것이다.

소수민족과 보이차

중국은 일반적으로 한족(漢族)의 이미지가 강하여 한족의 나라로 여겨지지만, 사실은 오늘날 중국 정부가 공식적으로 인정하는 55개의 소수민족과 주류 민족인 한족이 함께 공존하는 다민족(多民族) 국가다.

중국 내 소수민족 자치구역(5개 자치구, 30개 자치주, 120개 자치현 및 약 1000개의 자치향)은 중국 전체 국토 면적의 약 64%를 차지하는데, 산림 자원과 전략적 광물 자원 등 주요 자연 자원의 상당량이 바로 이 지역에 있다. 이 지역의 풍부한 자원은 현재 중국 정부가 계획하고 있는 여러 방면에 걸친 발전 계획에 중요한 요소이다.

중국은 14개국과 국경을 마주하고 있는데, 약 22,000km에 달하는 육지 국경선 가운데 약 90%인 19,000km가 소수민족 지역에 걸쳐 있다. 국경선을 따라 분포되어 있는 135개의 현, 기, 시(市) 등의 행정구역 가운데 107개가 소수민족 자치구역에 속하며, 또한 국경선에 거주하고 있는 약 2,200만 명의 인구 가운데 반수 이상이 소수민족이다. 따라서 소수민족은 중국의 변경 안정에 주요한 요소이다.[1]

소수민족마다 종족을 보호하는 차원에서 혼인의 풍습 등이 다르고, 교육을 위해 대도시로 나가서 도시인들과 같은 생활을 하면서 경쟁을 해나가는 것을 볼 수 있다.

---

1) 정재남 『중국의 소수민족』 2016, 살림. p5

태족(傣族 타이족)

　55개 소수민족 가운데 보이차의 주요 생산지 중에 하나인 서쌍판납(西双版納)은 태족(傣族) 자치주라서 이곳에서 그들의 위세는 아주 대단하다. 태족은 크게 수태(水傣), 한태(旱傣), 화요태(花腰傣) 등으로 나누어지는데 서쌍판납은 수태 위주이고, 홍하원강(紅河元江)에는 화요태가 많이 살고 있다. 인구는 120만 명 정도로 중국의 55개 소수민족 중에서 19번째로 인구가 많은 민족이다. 자신들의 문자와 언어를 아직도 사용하고 있으며 서쌍판납 곳곳의 거리 표지판엔 타이어(태족어)와 중국어가 같이 표시되어 있다. 이들은 태어나서부터 집에서 차를 만들어 마셨다. 유능한 아이들은 공부를 하고 다시 서쌍판납으로 와서 자신의 전공 분야를 직업으로 나가는 경우도 많이 있는데, 특히 영어권 관광객을 대상으로 한 통역가 중 에 태족 출신의 사람들이 활약이 많은 편이다.

　2015년 한국의 문경차문화연구회(회장 고선희) 회원들과 함께한 운남성 탐방에서 여행사의 안내와 별도로 서쌍판납 공항에서 현지 가이드를 만났다. 현지 가이드는 영어를 매우 잘했는데 서양인의 관광 통역을 많이 했다고 소개를 하였다.

　태족 출신으로 북경에서 유학을 하고 외국계 회사에서 근무한 경험이 있다는 그녀는, 밝고 진취적인 모습으로 우리들을 안내해 주었다. 하루는 가이드의 리드로 메콩 강을 바라보며 계단에 앉아서 노래와 춤을 추었는데, 다시 만나기 어려운 멋진 풍경과 운치를 만끽할 수 있었다. 소수민족이라고 해서 괜히 멀게만 느껴져 현지인들과 어울리는 것은 생각할 수도 없었는데, 귀하게 잘 배운 시간이었다.

태족의 명절

중국의 명절은 크게 원단지에(설날), 라오동지에(노동절), 중추지에(추석), 궈칭지에(국경절)로 나눌 수 있다. 그러나 멍하이의 명절은 조금 다르다.

국가에서 정한 명절은 당연히 쉬고 각 소수민족은 또 다른 명절이 있는데 그날 또한 쉰다. 이래 쉬고 저래 쉬고 당연히 쉬는 날이 아주 많을 것 같지만 꼭 그렇지만은 않다. 관공서를 제외하고는 토요일 일요일이란 개념이 없기 때문에 평상시에는 쉬는 날이 따로 없다. 날씨 봐가며 하루씩 쉬는 정도다.

태족의 설날은 매년 4월 15일에 열리는 포수에지에(潑水節: 물 뿌리기 축제) 전후인데 포랑족 등의 명절도 같은 날이다. 현재는 국내에도 많이 알려졌는데 중국뿐 아니라 세계적으로도 유명한 축제가 되었다.

서쌍판납의 중심 도시인 경홍(景洪)에서는 포수에지에 당일, 커다란 광장에 수만 명의 사람들이 모여서 물 뿌리기 시연을 한다. 장관이다. 그리고 주로 청년들 위주로 차 뒤쪽에 물받이를 만들어 거리거리를 돌아다니며 지나가는 행인에게 마구 물세례를 퍼붓는다. 물세례를 피해 집안으로 도망가면

쫓아와서까지 물을 뿌리지는 않지만, 물을 뿌리는 이유가 악운을 씻어주고 축복을 전하는 의미이기 때문에 행인들도 즐거이 받아들인다. 어린아이나 노인들에게는 가족들이 손가락에 물을 묻혀 얼굴에 가볍게 톡톡 뿌려준다. 짓궂은 청년들은 아리따운 아가씨가 지나가면 집중적으로 물세례를 퍼붓는다. 지나가는 차들끼리도 서로 물을 뿌리곤 하는데 어떤 사람은 불도저나 포클레인을 몰고 나와 위에서 폭포수처럼 물을 붓곤 한다. 정오 쯤 가장 치열하게 물난리를 피우고 저녁 때가 되면 대부분의 인파가 흩어져 조용하다. 열기에 휩쓸려 자칫 사고로 이어질 수도 있을 것 같지만 물을 뿌리는 축제이므로 큰 문제는 발생하지 않고 있다. 매년 봄차 철과 겹치는 이때쯤이면 멍하이 일대는 방을 잡을 수가 없다. 변두리 구석진 곳에 있는 허름한 여관까지 한 달 전에 이미 예약이 꽉 차있다.

봄차 철이 끝나고 우기(雨期)인 7월 초에는 꽌먼지에(關門節 : 문을 닫는 날)라는 명절이 있다. 선방 스님들의 여름 결제인 '하안거'와 비슷한 성격의 명절인데 소승불교가 생활의 중심인 이곳 서쌍판납 일대 소수민족들의 독특한 관습이다. 이 시기에는 불(不)결혼. 불(不)건축, 불(不)초대가 원칙이다. 우기라서 여러 가지 일들이 모두 불편하니까 지역적 특성을 고려하여 예로부터 일정한 시기를 정해놓고 아예 손님이 오거나 손이 많이 가는 일을 금지하고 있는 것이란 생각이 든다. 꽌먼지에 석 달 후에는 카이먼지에(開門節 : 문을 여는 날)가 있다. 말 그대로 이제는 우기도 지났으니 문을 열고 그동안 미루었던 모든 일들을 시작하는 날이라는 의미이다.

우리의 추석 전후하여 단포오(賧佛탐불)라는 명절도 있는데 절에 가서 재물을 바치거나 기도를 하면서 그동안 지은 죄를 씻어내는 날이다. 우리와 비슷하게 조상에게 제사도 지내고 산소를 돌보는 일 등을 한다.

하니족(哈尼族)

　서쌍판납에서 태족 다음으로 인구가 많은 민족이 하니족(哈尼族)이다. 인구는 약 150만 명으로 중국의 55개의 소수민족 중에서 16번째로 많은 민족이다. 민족 대부분이 운남성에 살고 있는데, 하니족 자치주인 훙허(紅河)에 비교적 많이 살고 있고 서쌍판납 등 여러 지역에 흩어져 살고 있다. 구전으로 이어지는 자신들만의 언어를 가지고 있는데, 문자는 먼 옛날 이주하는 과정에서 소실되었다고 한다. 하니족은 대체로 개방적이고 열정적이며 명랑하고 쾌활한 편이다. 손님 접대를 아주 중요하게 생각하며 부지런하고 약속을 중시하는 편이다. 천지사물에 모두 다 신령이 깃들어 있다고 믿으며 조상신을 숭배한다.

> 또 다른 설도 있다. 이곳 서쌍판납에 살고 있는 태족은 수에이타이족(水泰)인데 예로부터 물가를 따라 이동해온 민족이라서 강이 흐르는 평야지대를 좋아하고 하니족은 예로부터 물로 인한 질병을 많이 앓아서 지금도 물가를 싫어한다. 농사를 짓는 민족과 사냥을 즐기며 산속 생활에 적응해온 민족이 자연스럽게 평야와 산으로 분리 되었다는 설이다.

　하니족의 최대 명절은 원래 12월~1월 중 소(牛)의 날에 여러 신을 함께 모시고 신년을 맞이하는, 하니족 말로 '가탕파지에'라는 명절이다. 지금은 한족과 같이 1월 1일을 신년으로 맞이하는 하니족도 점점 늘어가고 있다. 그들의 말로 '치우치엔지에'라는 명절도 있는데 매년 추석을 전후한 날에 조상님들께 제사지내고 이것으로 안녕과 복을 기원하곤 한다.

하니족은 이름을 지을 때 특이하게 부자연명제(父子連名制)라는 방식을 따르는데, 아버지 이름의 끝 글자를 아들 이름의 첫 글자로 사용하는 것이다. 예를 들면 아버지 이름이 '오운'이면 아들은 '운산' 손자는 '산ㅇ' 등으로 이어지는 방식이다.

서쌍판납의 비교적 큰 두 세력인 태족과 하니족은 역사적으로 서로 원한 관계에 있다. 오랫동안 이어진 전쟁에서 결국 태족이 승리하여 농사짓기에 좋은 평야 지대와 주거에 편리한 지역은 대부분 태족이 차지하고 하니족과 기타 소수 민족은 쫓기고 쫓겨 산골로 숨어들었다. 하니족은 라오반장과 파샤, 라후족은 빙다오와 반편, 포랑족은 라오만어와 징마이 등지로 쫓겨났다. 역사는 아이러니 하게도 쫓겨난 민족에게 고수차라는 축복을 내려주었다. 유명한 고수차 산지에는 대부분 태족에게 밀려난 소수민족들이 터를 잡고 있다. 옛날에는 태족이 살고 있는 평지에도 고차수가 있었는데 문화혁명을 거치면서 이무 일대의 고수차 산지처럼 시대의 요구에 따라 경제 작물로 전환되며 대부분 베어졌다. 현재 태족의 거주 지역에 고수차 산지가 드문 이유다. 지금 태족이 차지하고 있는 거의 유일한 유명 고수차 산지는 석귀(昔归 시꾸이)인데 이곳 역시 란창 강변에 자리 잡고 있어서 예로부터 주거가 편리한 지역이었다.

지금도 태족과 하니족은 특별한 경우가 아니면 결혼을 하지 않는다. 젊은 층에서 가끔 로미오와 줄리엣이 발생하기도 하지만 양쪽 집안의 반대가 워낙 심하기 때문에 결혼하면 할 수 없이 도시로 이주하여 사는 경우가 많다. 보통은 잘 드러나지 않아도 아직도 뼛속 깊은 곳에 민족 간의 감정이 남아 있는 것 같다.

소수민족의 죽통차 만드는 법

하니족

청차(靑茶)를 금방 잘라온 향죽통에 넣어 굽는 방법이다. 이 방법은 이영자 『보이차다예』(2009, 티웰)의 연구에 의하면 향죽통을 이용해서 차를 끓이는 도구와 아주 작은 찻잔 그리고 바람을 일으키는 도구를 만들고 긴 죽통에 물을 담아 이것을 화로에 불을 피워 구운 후 물이 끓으면 차를 넣고 다시 끓인 뒤, 5분 후에 작은 향죽 찻잔에 부어 손님께 낸다.

죽통차를 마시는 방법은 편리하고 실용적이다. 차를 마실 때의 준비 재료로는 찻잔으로 사용할 수 있는 크기의 대나무 통을 불에 굽는다. 그리고 화로에서 끓고 있는 주전자의 물을 죽통에 부어가며 죽통과 죽잔을 예열한다.

대나무를 30cm 정도의 길이로 잘라 기구를 만들고 입으로 바람을 불어가며 불꽃을 계속 피우며 죽통을 화로에 넣어 돌려가면서 굽는다. 대나무통에 차를 넣고 죽통에 뜨거운 물을 적당량 넣는다. 차를 넣고 대나무통을 화로에 올리고 30cm 정도의 길이로 자른 대나무를 입으로 불어가며 불꽃을 피운다. 물이 끓으면 구워진 죽통에 물을 부은 후 흔들어서 그 첫물을 버린다. 그 다음 차부터 손님께 차를 낸다. 차의 양이나 물의 양은 죽통의 크기나 굵기에 따라 조절한다. 죽통차는 산수의 단맛과 대나무의 청향 그리고 차향 등이 어우러져서 독특한 맛을 볼 수 있다. 처음에만 죽통에서 우려내어 마시다가 그 다음에는 도구를 이용하여 대나무 차통으로 만든 잔에 따르면 편리하게 마실 수 있다.

태족의 죽통차

대나무는 중국인들의 마음속에 고상함과 아름다움 행복을 상징한다. 중국인들의 의식주 등 생활 전반에 깊숙하게 스며들어있다. 일직이 상대(商代) 때에 이미 대나무로 서간(書簡)과 편죽기(編竹器)를 만들었으며, 한 대(漢代)엔 대나무로 궁전을 건축했고, 진대(晉代)에는 대나무로 종이를 만들었다. 송대(宋代)의 대문호인 소동파는 일상생활 속에서 대나무의 역할에 대해 설명을 하였다: "먹는 건 죽순이요, 덮어주는 건 대나무 기와요, 실어주는 건 대나무 뗏목이요, 끓이는 건 대나무 장작이요, 옷은 생 껍질이요, 글 쓰는 건 대나무 종이요, 신은 대나무 신발이요....".

죽통차(竹筒茶)는 태족이 귀빈을 맞이하고 손님 접대 시 환대하는 차다. 죽통차의 제작은 이미 이백 년의 역사를 지녔지만, 오늘날 운남에서는 태족과 하니족이 가장 많이 이용하는 것으로 죽통차를 아주 손쉽게 만드는 방법을 살펴보면 다음과 같다.

죽통차 만드는 방법(태족)

❶ 제작방법은 독특한 편으로, 주로 장차(裝茶), 고차(烤茶) 및 취차(取茶) 세 단계가 있는데, 1년 정도 차란 부드러운 대나무에 막 잘라온 것을 사용한다. 모차를 가득 차도록 누르면서 담는다.

❷ 40℃ 정도 되는 약한 불에 천천히 돌리면서 굽는다.

❸ 6-7분 굽다가 죽통 안의 모차가 서서히 부드럽게 바뀌면 준비한 나무를 죽통 안으로 밀어 넣는다. 이때부터 더 넣고, 굽고, 막대로 밀어 압착하는 과정을 반복한다. 죽통 내에 차엽이 가득 차고 긴압이 충분히 될 때까지 계속한다.

❹ 긴압이 충분히 되면 굽는 것을 중단하고 냉각시킨 다음 죽통을 제거한다.

❺ 생산자의 정해진 규격이나 모양으로 상표를 부착하고 포장한다.

차마고도의 거점 도시

보이차의 태두, 해만차창

곤명에서 북쪽인 대리 방향으로 1시간 거리에 있는 안녕에 위치한 해만차창은 1999년 11월에 보이차 업계의 태두(泰斗)인 추병량(鄒炳良) 선생과 노국령(盧國齡) 여사가 공동으로 창건하였다. 회사의 주력 생산품은 우량 품질인 운남의 대엽종 차엽을 원료로 한 운남 보이차와 운남 홍차, 운남 녹차다. 보이차가 세상에 알려진 이후 한국의 여러 단체에서 추병량 대사에게 초청장을 보냈었다. 하지만 '자신은 그저 차 만드는 사람일뿐'이라며 정중히 고사했는데, 2012년 석가명차의 초대로 한국에 처음 방문했었다. 숙차 발효 기지는 맹해 진미호차창 바로 앞에 있다. 제품은 숙차로 유명해서 숙차 생산량이 기타 차창들보다 많다고 할 수 있다.

해만차창은 부단한 노력을 통해 일본, 유럽, 미국, 중국 등의 여러 인증을 통과했으며 십여 년 만에 상당한 영향력을 지닌 보이차 기업으로 성장했다. 해만차창에서 생산된 보이차 계열 상품은 중남해(中南海)에 특별 공급되는 차이며 국무원(國務院)이 선정한 국례(國禮) 보이차로 뽑혔다. 6년 연속해서 중국식품안전회에서 지정한 차로 선정됐으며, 중국식품안전시범단위로부터 수차례에 걸쳐 '차왕', '금상' 등의 영예를 획득했다. 그중에 '노동지(老同志)'와 '가가(加嘉)' 두 브랜드는 "운남성 저명(著名) 상표"란 영예를 얻었다. '노동지(老同志)'는 더욱 '운남성 명품'이자 '보이차 10대 유명 브랜드'란 호평을 받는다.

2003년 이후 매년 보이차 수출량이 500톤 전후로 수출량으로 따졌을 때 운남 보이차 기업의 선두 반열에 올라 있다. 상품의 질은 국내외의 소비자들로부터 상당한 신뢰와 총애를 받고 있다.

필자가 2014년 이곳을 방문했을 때, 해만차창의 2013년 생산량은 1400 백 톤이며 중국 전역에 100여 개의 1급 대리상이 있고 아래로 수백 개의 전문점이 형성되었다는 현황 보고를 들었다. 어려운 시기에도 꾸준히 성장하고 있음을 짐작할 수 있다. 해만차창에서는 실내 작업 현장은 공개하지 않는다. 그래서 사진은 유리문 밖에서 촬영한 것이다. 손님 접견실에는 해만차창에서 생산된 차들이 전시되어 있는데, 우리는 석가명차 최해철 대표의 주선으로 방문하게 되어 그곳의 대표적인 차들을 시음하게 되었다.

처음에는 해만차창의 대표적인 차가 숙차라서 그런지 해만에서 생산되는 기본적인 숙차를 우려주었다. 처음 만난 손님에게 숙차를 우려주는 것은 중국인에게는 자연스런 접대겠지만 일행들은 보이생차 맛을 보고 싶었기에 숙차는 두 잔만 마시고 생차를 우려달라고 부탁했다. 그다음으로 마신 차는 생차로 은전(銀塼)과 여아청(女兒靑)을 순서대로 마셨다. 차를 내는 직원이 상당히 노련하여 차 하나 하나의 특징이 잘 우러났다. 필자는 차를 마시다가 건너편 찻자리 쪽으로 이동하여 현지인 손님들의 찻자리를 살펴보았다. 직원이 아닌 것 같은데 전시해둔 차들을 마음대로 차탁으로 가져와 우려마시는 그들의 행동에 호기심이 발동하여 그들의 차 마시는 모습과 놓여있는 차들의 사진 작업을 하였다. 그중에 한 사람이 우리들이 앉은 자리로 와서 뭐

라고 중국말로 하는데 알아보니 회사 주변에서 근무하는 다른 회사 사람들이라서 얼굴이 공개되면 안 된다고 해서 보는 앞에서 그들의 얼굴 사진은 삭제 하였다. 해만차창은 아주 시골에 있어 주변에 차를 마실 수 있는 여건이 되지 않는다고 한다. 그래서 공무원이나 기업인들이 식사를 하고 해만차창의 시음실에 와 차를 즐기는 모습을 자연스럽게 볼 수 있었다. 시음하는 공간의 한쪽 벽면에는 50여 종류의 차가 있다.

이제 해만차창에서 다시 북쪽 방향인 대리에 있는 하관차창으로 출발한다.

대리와 백년기업 하관차창

하관차창이 있는 운남성 대리(大理)는 남송과 당나라 때 남조와 대리국이 있던 곳이다. 중원에 당나라가 있던 시절 이곳엔 태족(傣族)과 백족(白族)이 주를 이루어 세운 대리국(大理國, BC 937~1252)이 번성하고 있었다.(지금도 운남성 대리시는 백족 자치구에 속해 있음) 왕의 자녀까지

일정 연령이 되면 출가하는 철저한 불교 국가였던 대리국은 군대가 없었으며 혹여 외적이 침입해 오면 상인들이 앞장서서 모병을 하고 백성들이 협력하여 외적을 몰아내었다고 한다. 문화혁명 이후 대리는 일취월장 발전을 거듭했다. 국가급 역사 문화 명성(名城)과 풍경 명승지, 중국 최고의 매력적인 도시 등의 계관(桂冠)을 보유하고 있다.

현대 대리의 지명도를 간단하게 요약하는 말이 있다.

"대리는 사람이 일생 동안에 꼭 가 봐야할 50개 지역 중에 한곳으로 손꼽힌다."

무협 소설 "영웅문"으로 유명한 김용의 또 다른 명작 "천룡팔부"의 무대가 바로 이곳 대리이기도 하다. 후에 김용이 이곳에 와서 "하관풍, 상관화, 창산설, 이해월(下關風, 上關花, 倉山雪, 洱海月 : 하관의 바람, 상관의 꽃, 창산의 눈, 이해의 달)이라는 유명한 말을 남겼는데 그래서 하관차창은 사시사철 창산을 넘어온 깨끗한 바람이 보이차 건조에 최적의 조건을 제공한다는 선전을 하는 한편, 일화에서 이름을 차용한 풍, 화, 설, 월이라는 차를 생산하고 있다. 하관은 본래 풍성(風城)이라 칭하는데 매해 맑은 바람이 불고, 생산된 차는 대부분이 사천 서부(敘府 : 지금의 의빈(宜賓) 등지로 판매해 그곳 타강(沱江)의 물로 우려낸 차 맛이 매우 좋았기 때문에 비로소 '타'차란 칭호를 얻게 되었다.

차마고도를 통해 남과 북으로 오가는 마방과 상인들은 각 지역 간에 물류이동을 촉진시켰다. 그들은 운남 남쪽의 차 재배지에서 찻잎만을 옮겨온 것이 아니다. 서장에서 사온 약재와 모피, 일용품과 사천과 그 밖의 성(省) 밖에서 운반해온 서양 면포, 비누, 담배, 성냥, 석유 등 일용잡화들을 모두 운반해 왔다. 하관은 운남 서쪽의 길목이자 상업 중심 지역에 위치한 탓에 이런 마방과 상인들이 모이는 곳이었고, 덕분에 이곳은 물자 무역으로 번성했다. 장거리를 걸어온 상인들과 말을 모는 이들은 하관에서 기분 좋게 휴식을 취하면서 즐길 수가 있다. 그들을 위해 소비거리와 최신식 즐길거리를 제공하고 상업적인 기회를 얻기 위해 하관은 당시 운남 서쪽에서 유일한 영화관, 대극장, 전보국 및 전등 조명을 위한 옥룡 발전소와 성냥공장 내지는 고급

술집과 아편가게들을 보유하고 있다. 감히 말하건대, 당시 운남에서 하관은 성도(省都)인 곤명을 제외하면 가장 번화한 도시였다고 할 수 있겠다. 때문에 사람들은 하관을 가리켜 운남 서쪽의 '리틀 상하이'라고 부른다.

하관차창은 문화혁명 이후, 신 중국이 세워진 후 하관의 타차 생산과 경영을 총괄한 곳이다. 하관 타차의 정수를 그대로 이어 받은 동시에 전통을 기초로 현대적 생산 방식을 도입해 타차의 질을 지키며 생산 능률 또한 극적으로 향상시켰다. 그 결과 하관타차는 80년대부터 국가 품질 은상 3번, 세계식품 금상 3번을 수상했다. 2002년부터 국가품질 총국에서 인정하는 원산지 표식 등록 이후, 2010년 하관타차 제작 기술이 국가급 비물질문화유산 보호명록에 등재되었다.

하관 차창은 박물관을 운영하고 있다. 최초로 타차를 제작하던 과정에서 사용된 모든 도구와 문서가 보관되어 있다. 또한 단체 관람객이 원하면 청

나라 때의 복장을 입고 제작과정을 보여준다. 필자는 여러 차례 이 광경을 봤는데, 다른 회사와 다른 점은 현재 가동되고 있는 회사 내의 제조 공정을 보여주는 다른 업체와 달리 하관 차창은 타차의 역사성에 주목한다는 점이다. 박물관에서 볼 수 있는 유물을 재현하여 역사의 고증을 통해 확인된 방식 그대로 재현하는 모습은 차를 공부하는 사람들이나 타차를 즐기는 사람들에게 매

우 유익한 볼거리였다. 이곳을 방문한 사람들은 박물관에서 설명을 듣고
시연을 보면서 하관타차의 역사를 확인하고 차를 시음한 후 나가게 된다.

하관차창 박물관

하관차창 박물관에서 시연하는 전통방식의 타차 제작

세계문화유산 여강고성

　곤명 공항에서 버스로 4시간을 달리면 대리(다리 大理)가 나온다.
고육대차산에서 생산된 차는 모두 말에 실려 바로 주 소비지인 대리와 리장,
샹그릴라, 매리설산으로 보내진다. 이곳 사람들은 차와 교환할 소금, 섬유
등을 준비하고 교환 시장에서 기다리고 있다. 겨울이나 이른 봄의 대리는 매
우 거친 날씨와 강한 바람이 주변 환경과 어울려 옛날의 풍광을 그리게 한
다. 대리에는 지금도 옛 모습 그대로의 마방이 남아있는데 지금은 관광객을
위한 상품으로 말들이 중심 지역에서 생활하고 있다. 차마고도의 거점으로
사람들이 생업을 위해 움직이고 모이는 곳, 즉 도시가 여러 곳 있는데 그중
대표적인 곳이 바로 여강고성이다.

대리 백족자치주(大理白族自治州)에는 1,200년 역사의 고성이 있다. 중국 정부는 1986년 여강고성(丽江古城)을 역사문화도시로 지정했다. 1996년 2월, 진도 7.0의 강진이 여강을 뒤흔들었을 때, 여강 신시가지는 대부분 폐허가 됐지만 수백 년은 족히 묵은 고성의 옛 건물들은 지각의 뒤틀림 속에서도 살아남았다. 그때부터 중국 정부는 이곳에 뒤늦게 관심을 가졌고, 세계문화유산으로 지정하기 위해 노력한 끝에 1997년, 성 전체를 유네스코 세계문화유산으로 등록하는데 성공했다. 연간 5000명이 채 안 되는 관광객이 다녀가던 이곳은 오늘날 연간 500만 명이 넘는 관광객이 찾는, 세계인의 발길이 끊이지 않는 '명소'가 됐다.

고성 안의 모습은 1000년 전의 역사를 보는 듯하다. 기와로 지붕을 올린 건물들과 동서로 8개, 남북으로 5개의 길로 이루어진 계획도시의 전형 같은 모습이다. 길을 걷다보면 구석구석 복잡하게 얽힌 수많은 좁은 골목을 따라 걷게 되는데 이런 곳에 위치한 상점이나 노점상에서 온갖 상품들을 다 볼 수 있다.

이 지역의 백미는 마을을 한 바퀴 돈 후 전망대 같은 높은 곳에서 차 한 잔 시켜놓고 사진을 촬영하는 것이다. 풍광이 대단하다. 왜 유네스코가 성 전체를 문화유산으로 선정했는지 이해가 가는 풍경이다. 저 멀리 방금 골목을 구석구석 다니면서 올라온 길을 높은 곳에서 되돌아보는 것도 재미다. 사진 작업을 하고 내려오면서 또 다른 골목으로 돌길을 따라 가다보면 운남의 여느 시골과는 조금 다른 풍경이 보인다. 포토존이라 할 것까진 아니지만 니시족의 전통 복장을 한 이 지역의 나이든 할아버지가 포즈를 취하고 손님들과 사진을 찍어주면서 10위안 정도의 돈을 요구한다. 유럽에 가면 흔히 볼 수

있는 모습이다. 이 지역의 중심에는 말들 여럿이 손님을 기다리고 있다. 말을 타고 여강 고성 내부를 다니는 것인데 비가 오락가락하는 날씨에도 많은 손님들이 말 등에 올라 관광을 즐기는 모습이 보였다.

여강에서 버스를 타고 다음 행선지로 이동할 때 볼 수 있는 석양 또한 장관이다.

장예모 감독 인상여강 쇼

　지역적인 영향으로 척박한 자연환경 속에 살아가는 소수민족의 삶을 6부작으로 만들어 자연을 배경으로 공연하는 거대한 쇼가 있다. 장예모 감독의 인상여강(印象麗江)이다. 운남성 서북부에 위치한 옥룡설산을 배경으로 만든 작품으로, 보지 못한 분들에게 설명을 하자면 고원과 그 뒤로 설산이 웅장하게 펼쳐진 자연 그 자체를 무대로 삼는 공연이다. 해발 3100m의 드넓은 평원에서 펼쳐지는 공연은 1부 차마고도, 2부 술판, 3부 천상인간, 4부 타도조가, 5부 고무제천, 6부 기복의식 등 총 6부로 구성되었다. 대자연을 그대로 무대로 사용하고 이야기의 주인공인 바로 그 소수민족이 직접 공연하는 압도적인 공연이다. 배우 500명은 전부 지역 소수민족으로 말도 100필 동원되었다. 다음은 각 부의 간략한 내용이다.

1부는 차마고도를 출발하는 내용으로 약초나 차를 싣고 가는 교역 활동에 대한 내용이다. 100여 명의 남자들이 나와 관람석 주변을 지나 말을 타고 무대로 들어가는 모습은 그 자체가 압권이다.

2부는 교역을 다녀온 남자들의 술판을 벌이는 내용인데 매우 사실적인 연출이다. 남자들 한명 한명이 탁자 하나씩 들고 나와서 탁자를 놓고 술을 마시면서 친구들과 탁자를 두드리거나 소리를 내며 술판의 혼란함을 사실적으로 보여준다. 마지막에는 집에서 남편을 기다리던 부인이 나와서 남편을 찾아 무대 밖으로 퇴장한다.

3부는 소수민족 간의 결혼이 허락되지 않은 않았던 때에 사랑하는 남녀가 지상에서 이루지 못한 사랑을 맺어 준다는 옥룡설산(위룽설산)으로 영원한 사랑을 찾아 떠난 이야기다. 사랑을 위해 죽음을 택하는 내용이다. 사랑을 이루기 위해 떠나는 남녀와 딸을 떠나보내는 가족의 아픈 심정을 옥룡설산을 배경으로 매우 감동적으로 연출했다.

4부는 10개의 소수민족이 각각의 의상을 입고 민요 타도를 한다.

5부는 북을 치면서 제사 의식을 치른다.

6부는 관중들과 함께 옥룡설산의 신에게 제사를 지낸다.

총 6부로 구성된 공연은 아마도 장예모 감독이 수많은 소수민족에게 각 민족의 문화적인 지표를 하나씩 올려줄 생각으로 구성한 것은 아닐까

하는 느낌이 들게 한다. 전문 배우가 아닌 지역 원주민들을 연습시켜서 지역에 맞는 설화와 전설, 그리고 풍습에 대한 스토리로 관중에게 감동을 준다는 점에서 장예모 감독의 작품을 만날 때 마다 진한 감동을 받는다. 이 공연이 주는 메시지는 너무나 크게 가슴으로 다가온다.

차마고도와 서쌍판납

세계 최고 차왕수가 있는 임창

3200년 수령 향죽청 고차수

필자가 운남성을 여행할 때면 항상 가보고 싶었지만 갈 수 없었던 곳이 있다. 임창 지역의 3200년 고수차 단지다. 이 지역에 쉽게 갈 수 없는 이유를 짐작은 하고 있었지만, 이번에 탐방을 해보고서야 확실한 이유를 알 수 있었다. 이 지역은 인근에 다른 차 산지가 없어서 오직 이 나무 하나를 보고 와야 하는데, 막상 외국에 나가 일정에 쫓기다 보면 그런 시간을 내기 쉽지가 않다.

임창(林滄)에서 자동차로 두 시간 걸려 윈시엔(云玄)에 도착하고, 거기에서 다시 한 시간 정도를 달리면 봉경(鳳景)에 도착한다. 봉경은 윈난 홍차로 유명한 '전홍집단(滇紅集團)'의 차창 및 본사가 있는 곳이다. 봉경(펑징)에서 다시 한 시간 정도 산길을 달리면 샹주칭이다. 샹주칭(향죽청, 香竹菁)의

수령 3200년 차왕수는 2005년에 정식으로 세계 최고령 차나무로 인정되었는데, 지금은 '전홍집단'에서 관리하고 있다.

진시우차주(금수다조 錦秀茶祖)라고 불리는 차왕수는 이미 여러 해 전에 보호수로 지정되었다. 차왕수를 중심으로 사방 10m 정도를 보호용 담장으로 둘러쳐 놓아 지금은 가까이 접근할 수가 없다. 차나무의 높이는 10m 정도로 그리 높은 편은 아니지만, 나무의 외형이 풍성하고 아름답다. 특히 뿌리 부분의 굵기가 둘레 5m 정도 되어 아주 튼실하다. 봄차 생산량이 모차로 35kg이나 된다니, 그 크기를 짐작할 수 있겠다. 2015년 차왕수에서 딴 차의 경매 가격이 1kg에 6억이었다고 한다. 그럼 35kg이면 도대체 얼마인가?

물론 '홍보를 겸한 경매'라는 특수 상황이긴 하지만 그저 놀라울 따름이다.

차왕수를 직접 만질 수는 없었지만 가장 가까이 있는 차농 집에서 작년에 생산된 고수차와 야생차들을 마실 수 있었다. 마침 우리가 방문한 날이 올해 첫차를 수확하는 날이라서 동네 잔치가 벌어졌다. 저녁 식사까지 대접받고 옥상에 올라가 가장 가까이에서 차왕수를 촬영할 수도 있었다. 차 맛은 약간 단조로운 편이지만, 맑고 깊은 여운이 느껴졌다.

마을에는 천년 이상이 된 차나무에 정부에서 표식을 달아놓았다는데, 그 나무의 수가 무려 2,000여 그루나 된다는 말에 깜짝 놀랐다. 일반적인 천년 고수차 가격은 1kg에 150만 원이고 섞여 있는 차들은 30만 원이고, 소수차는 10만 원 정도라고 한다.

향죽창(香竹箐) 대차수 :

운남성 봉경현(鳳慶縣) 요가(腰街) 해발 1,950m에서 생장한다. 교목형에 전체적으로 활짝 벌려진 모양으로, 높이 9.3m, 폭 7m×8m, 둘레 5.8m로 현재 발견된 것 중에서는 가장 거친 대차수이다. 잎면은 평평하며 엽기(葉基)는 붉은색이다. 싹은 털이 없고 화관의 지름은 평균 5.5cm, 씨방엔 털이 많고 암술머리는 다섯으로 갈라져 있다. 열매는 큰 게 감 모양을 띠며, 과병(果柄)의 길이는 1.7~2cm이다. 종피(種皮)는 흑갈색에 투박하다.

운현(云玄)에서 석귀(昔歸)까지

운현(云玄)을 출발하여 차방(茶房) – 대조산(大朝山) – 방동(邦東) – 석귀(昔歸)까지 산길로 약 세 시간을 달렸다. 중간에 차방이라는 지역에 장터가 벌어져 있어서 잠시 둘러보았는데, 돼지, 송아지, 강아지들이 새로운 주인

방동촌의 고차수

을 기다리는 가운데 각종 먹을거리들이 난장을 펼치고 있다. 찻집이 있어서 시음하려 들어가서 일행들과 같이 녹차를 100g씩 구입했는데 한국 돈으로 천 원이다. 한국의 녹차 산업을 생각하면 한숨이 절로 나온다. 바야흐로 지구촌 시대에 애국 마케팅만으로 한국의 녹차 산업을 살릴 수는 없을 것이다. 그 지역의 특질에 맞는 맛과 문화를 창출하여 새롭게 도약할 수 있는 방법을 찾아야 될 것이다.

린창시 방동촌은 석귀(昔歸), 만강춘(曼崗村), 매래대(賣來對) 등 10여 개 마을로 이루어져 있다. 이족(彝族), 한족(漢族), 태족(傣族) 등 여러 소수민족들이 섞여 있으며 700가구에 3000명 정도의 사람들이 살고 있다. 해발 3400미터의 석노호산(石老虎山) 아래 부챗살처럼 펼쳐진 마을마다 고차수들이 자라고 있는데, 차밭의 평균 해발은 1900미터 정도로 고도가 높은 지역이다. 다른 차산지와 달리 바위와 돌이 많은 토양으로 바위와 고차수의 어울림이 아주 근사하다.

등조(藤條) 차의 대표 산지라고 할 수 있는 석귀(시꾸이)는 해발이 가장 낮은 곳(900미터) 란창 강변에 위치해 있는 태족 마을이다. 앞서 언급했듯, 고차수가 있는 곳에 태족 마을이 있는 것은 아주 드문 일이다. 이곳은 등나무처럼 생긴 차나무로 유명한데 가지가 길게 축축 처진 모양이 버드나무를 연상케 한다. 다른 차수에 비해 생산량이 떨어지지만 맛의 밀도가 높고 특히 꽃향기가 좋은 장점이 있다. 시꾸이는 최근의 고수차 붐을 타고 급속히 차 가격이 올라가고 있는 지역 중 한 곳인데, 국내의 보이차 전문점에서도 시꾸이 차를 정식으로 수입해 취급하고 있다. 한국 사람들의 입맛에도 맞는지 호응이 좋은 편이다.

산지에서 일행들이 차를 조
금 구입하고 싶다고 했더니 최
해철 대표가 올해 차는 판매가
완료되었다며 죄송하다고 타
차처럼 대충 뭉친 석귀 가을
고수차를 하나 선물로 줬다.
250g 정도인데 최 대표 본인
이 가지기가 어색해 즉석에서
재미로 경매를 붙였더니, 다른
분의 아름다운 일행 중 한 분이
저렴한 가격에 낙찰 받았다.

석귀(시꾸이) 차나무

돌아오는 길에는 최 대표와 선계약 관계에 있는 방동의 차농 집을 방문했
다. 주변에 좋은 환경의 고수차밭을 가지고 있지만 아직 가공 기술이 부족
하여 최 대표가 몇 가지 조언을 해 주었더니 예전보다 훨씬 좋은 차를 만들
고 있다고 한다. 최 대표가 마을 주변의 몇 그루 단주(單株: 특별히 오래된
차나무를 따로 부르는 이름)를 계약하고 올해 생산 계획 등을 의논하는 것
을 보니 한국인들이 중국에서 좋은 고수차를 구하기 위해 얼마나 어려움을
겪고 노력하는지에 대한 생각이 든다. 이런 것은 돈만으로 해결되지 않는 것
으로 차인으로서 아름다운, 인간적인 면이 많은 작용을 해야 하는 것 같다.

공사 중인 도로

어제 저녁 만찬이 늦어지면서 방동에서 출발도 늦어져, 쌍강(双江)에 있는 오운산고차 임창기지에 도착한 시간이 밤 열두시 정도였다. 도로공사 중인 곳이 많아서 더욱 늦어졌다.

현재 보이차가 생산되는 지역은 어디를 가나 공사 중이다. 이러한 현상은 필자가 운남성을 다니던 2004년부터 볼 수 있었는데 늘 도로 옆은 공사 중이었다. 그때는 도로 옆의 큰 돌을 부수어 즉석에 부순 돌을 가지고 엉성한 콘크리트 도로를 만드는 공사였다면, 요즘은 바닥에 까는 돌을 따로 트럭으로 싣고 와서 사용하는 것으로 보아 확실히 중국의 경제가 많이 좋아진 것 같다.

고수차가 생산되는 지역의 차농들이 원료 가격 폭등으로 자금이 생기면 처음으로 하는 것이 주택 개량이다. 노반장, 빙도 등은 이미 산중의 신도시가 되었고 기타 지역도 덩달아 춤추듯 건물들이 올라가고 있다. 새로 지은 차농들의 집을 보면 대부분 콘크리트로 비슷비슷하게 지은 2층 양옥집이다.

초제소를 만드는 집은 3층에 만들어 솥에서 가공한 찻잎을 말리는 공정까지 다 할 수 있다. 지붕은 슬레이트처럼 생긴 투명한 아크릴 판으로 덮어서 비가 올 때도 찻잎을 말릴 수 있도록 설계했다. 나름대로 용도에 맞게 설계한 것이지만 집안으로 들어가면 생활하는 방식은 예전이나 별 차이 없다고 한다. 커다란 거실에 덩그러니 TV가 하나 놓여 있고 벽에는 가족사진을 비롯한 차나무 사진 등이 다닥다닥 붙어 있다.

쌍강(双江) 차 공장은 5층으로 지어진 신식 건물이다. 지금은 샤오미(小米)라고 부르는 이 집의 막내딸이 운영을 책임지고 있는데 아주 싹싹하면서도 큰살림을 꾸려 나가는 사람으로 보인다. 80년대부터 맹해차창에 원료를 납품하기 시작했다는 아버지의 뒤를 이어 쌍둥이 언니, 오빠까지 네 명의 형제자매가 전부 차업을 하고 있다. 쌍둥이 언니는 시집가서 한 명은 푸얼

시에서 한 명은 멍하이에서 차업을 하고 있고, 오빠와 부모님은 린창기지에서 찻잎 가공을 책임지고 있다. 샤오미는 일찍이 베이징에서 간호학을 공부하고 간호사로 일하던 중 남편을 만났는데 부모님의 요청으로 함께 고향에 돌아와 차업에 열중하게 되었단다. 샤오미의 남편은 약간 내성적인데 술 한 잔 하면 노래를 아주 멋있게 잘 부른다고 한다. 그가 우리들을 안내한다고 운전대를 잡았는데, 흔히 현지인이 '길을 잘 안다' 는 느낌으로 하는 거친 운전과는 전혀 다른 안정된 운전 습관을 가지고 있다. 그래서 상당히 거칠고

험한 지역을 다녔는데도 불안한 감은 들지 않았다.

　건물 안으로 들어가면 차 공장이 있는데, 개인 차창으로는 상당한 규모를 갖추고 있다. 오운산고차의 임창기지로 차 생산 시설이 잘 갖추어져 있다. 사진에 보이는 장면은 숙차를 만드는 과정인데 청결을 유지하면서 숙차의 순기능적인 면을 잘 나타내기 위해 노력을 많이 기울인 회사로 보인다.

빙도 가는 길, 국수 전문점

차(茶)는 중국 어디에서나 필수불가결한 식품이다. 각지의 목축민들이 즐기는 차는 수유차. 이 수유차는 짜이라고도 하며 목축민들에게 있어서 손님 접대의 필수적인 음료다.

각 소수민족은 일반적으로 술 마시기도 좋아한다. 손님 접대 또는 경사스런 일이 있을 때 술을 마신다. 각 소수민족은 거주 지역의 생산물에 따라서 미주(米酒), 수주(水酒), 고량주(高粱酒) 및 청과주(靑稞酒) 등 각종 술을 만들어 마신다. 어떤 민족이건 식사를 할 때 보면 우리나라 사람이라고 해서 못 먹을 그런 음식은 거의 없는 편이다. 다만 현지인들이 먹는 향신료만 잘 피해서 먹으면 모든 음식을 함께 할 수 있다. 식사를 하면서 술을 마시는 문화이기에 우리나라와 매우 흡사하다.

중국에서 차, 술 만큼이나 중요한 것이 또 있다. 국수이다. 운남에서 국수 전문점으로 성공한 집을 보면 우리가 상상하기 힘들 정도로 잘된다. 어떤 곳은 국수 뷔페처럼 여러 메뉴를 갖추고 아주 고급스런 음식이 나온다. 길거리에서 쉽게 접하는 곳도 있지만 주차장 근처 유명한 식당은 줄을 서서 대기해야만 먹을 수 있을 때도 있다. 이런 곳의 음식은 양념을 직접 넣어서 먹기 때문에 향신료에 대하여 전혀 문제 될 만한 것이 없다.

빙도 가는 길

셋째 날 아침부터 마음이 설렜다. 그동안 유명한 산지는 대부분 가보았는데 최근 활황을 이루고 있는 빙도를 가보지 못했기 때문이다. 드디어 빙도를 오른다. 빙도(氷島)의 원래 이름은 병도(丙島)였는데 이름을 바꾸고 나서부터 이름에서 오는 신비감 때문에 찾는 사람이 많아지고 그래서 찻값도 올랐다는 설이 있다. 하지만 꼭 그렇지는 않고 빙도차는 가격만큼은 아닐지라도 나름대로 고유한 특질을 지니고 있다.

빙도로 가는 오르막 중간에 빙도호라는 제법 큰 규모의 저수지가 있다.

임창시 맹고현에 있는 빙도는 해발 1750미터 빙도노채(氷島老寨), 남박(南迫), 지계(地界), 나오(糯伍), 패왜(壩歪) 다섯 개 마을을 말하며 이 지역에서 생산되는 차를 일반적으로 빙도차라고 한다. 빙도노채라고 부르는 본마을은 70% 정도가 라후족이며 56가구 300명 정도가 살고 있다. 최근에 많이 알려지면서 봄차철에는 매일 300명 정도가 방문할 정도로 붐비는 마을이 되었다.

마을 주변에는 2000여 그루의 고차수가 있는데 봄차 생산량은 1톤 정도이다. 적게는 한 집에 열 몇 그루, 많은 집은 이백여 그루의 고차수를 소유하고 있다. 대부분 외지인들에게 임대로 차밭을 빌려주고 있는데, 나무 한 그루당 임대비용은 일 년에 천만 원 전후이다. 모차 가격은 봄차 1kg에 400만 원 가을차 150만 원 정도인데 너무 비싼 것 아니냐고 했더니 그 가격이어도 방문하는 사람들이 너무 많아서 진짜 고수차는 없어서 못 판다고 한다. 마침 우리가 방문했을 때 광동성에서 온 상인이 현장에서 자신이 보는 앞에서 채취해주는 조건으로 단주차 생엽 1kg을 200만 원에 구입하는 것을 볼 수 있었다.

최해철 대표는 매년 맛이나 보려고 조금씩 모차를 수매하는 차농 집에서 식사 대접을 받고 고수차는 아직 시기가 일러 중수차 2kg을 이백만 원에 구

입했다. 일반적으로 중수차(수령 백년 전후)도 1kg에 이백만 원인데 멀리 한국에서 와서 사업하시느라 고생한다면서 최해철 대표에게는 특별히 절반 가격에 준다고 한다. 하지만 정작 최 대표는 매년 좋은 가격에 줘서 고맙긴 한데 올 때마다 너무 비싸서 왠지 사기 당하는 느낌은 지울 수가 없다고 한다.

빙도 다섯 개 마을에는 옛부터 공수(貢樹나라에 바치는 차나무)로 지정되어 있는 일곱 그루의 차나무가 있는데 (빙도노채1, 지계3, 남박1, 패왜1) 수령이 약 천년 가까이 된다고 한다. 주변의 네 군데 마을 중에서는 남박의 생산량이 개중 많고 나머지 마을은 비슷한데, 빙도 다섯 개 마을의 고수차 생산량을 다 합하면 10톤 정도라 한다.

차나무를 구분하는 기준은 지역마다 약간 다른데 빙도 지역은 수령 50년 이하를 소수차, 50~100년 중수차, 100년 이상을 고수차라고 구분하고 있다.

빙도에서 만난 태족과 이니족

지계빙도 차산에서 생태적인 환경을 알아보고 내려오는데 조그만 건물이 있었다. 내심 이곳에서 차를 마실 수 있을까 생각했는데, 멀리서 삼륜차의 소리가 들리더니 아이 셋과 부부가 차에서 내렸다. 멀리 마을에서 전화를 받고 우리들에게 차를 한 잔 대접하고자 올라 온 것이다.

차를 마시기 위해 안내한 곳은 허름한 창고 같은데 그곳에는 불을 피울 수 있는 화덕이 놓여있다. 그 옆에서 6명이 앉아 차를 마실 수 있는 차탁이 있었다. 부인이 찻물을 끓이기 위해서 불을 지피는데 차탁과 그 주변에 걸터앉아 불 주변을 살펴보니 늘 원시적인 방법으로 찻물을 끓이고 마신 자리로 보였다. 큰 주전자에 끓인 물을 햇차가 담긴 그릇에 가득 넣고 우려 주는 빙도차 맛은 어느 차산에서도 느껴보지 못하는 맛이다. 차를 대접하는 표정과 마음은 참 순수해 보였다. 부인의 의상이 남편 쪽과 달라 보여서 물었더니 남편은 포랑족이고 부인의 하니족이라고 한다. 소주민족이 종족이 달라도 결혼하여 아이를 가질 수 있다는 것을 이때 처음 알았다. 그들의 행복한 웃음이 내내, 차향을 머금어져 지울 수 없는 오후였다.

　　하산 길에 빙도호 아래에 있는 식당에서 송어 회와 민물 칠갑상어 탕을 먹었다. 식당은 빙도호 댐 바로 아래에 자리하고 있는데, 이 집은 단골들이 와서 먹는 곳이라 한다. 양식장의 맑은 물길 속에 노니는 송어를 그물로 건저 올려 즉석에서 회를 썰어 준다.

　　윈난에서 한국처럼 회를 맛보기는 이곳이 처음이다. 작은 칠갑상어 비슷하게 생긴 물고기는 탕으로 제격이다. 자연어라면 중국에서 천연 기념물로 보호하는 종이라는데 양식을 하여 공급하고 있다. 국물 맛이 구수하고 육질이 단단해서 씹는 맛이 아주 괜찮다.

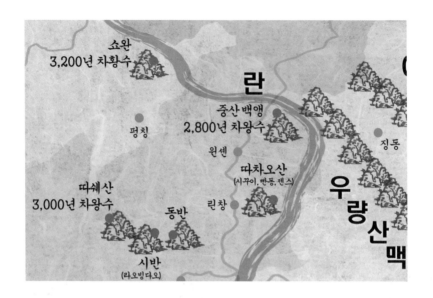

쇼완
3,200년 차황수

란

중산 백앵
2,800년 차왕수

평창

원센

징동

따차오산
(시꾸이, 빤동, 펜스)

따쉐산
3,000년 차왕수

동반

린창

우량산맥

시반
(라오빙다오)

차나무의 보고(寶庫), 백앵산

백앵산 고차수를 필자가 처음 알게 된 시기는 2017년이다. 보이차 도감을 발행하면서 쾌활보이차 정경원 대표가 만든 보이차 10 종류에 대해 사진 작업을 하고 시음도 해봤는데, 그 이후 반드시 현장 답사를 하고 싶었다. 운남성 차 산지를 14년간 다녔지만 누구도 백앵산에 대해서 이야기를 한 적이 없었다. 그래서 필자는 그동안 그 지역을 '그저 다음에 꼭 가야 할 차 산지'로만 생각하고, 무량산과 대설산 맹고 지역을 후보로 생각했었다.

정경원 대표는 2007년부터 자기 밭에서 생산된 차를 공급하고 싶은 욕심에 차밭을 찾아 나섰다. 남들이 다 좋아하고 관심을 기울이는 곳은 모차 가

격이 매년 오르기 때문에, 자신의 차밭이 없다면 결코 안정된 차를 만들 수 없다는 생각도 하게 되었다. 한국 사람이 중국에서 차를 만든다고 할 때 임대한 차밭을 가지고 있는 가 아닌가에 따라 현지인의 시선이 달라지고, 더욱이 차를 만들 때면 그 마을에서의 입지가 현격히 달라진다.

백앵은 어떻게 보면 '임창 쪽으로는 사람이 오지를 않았나' 하는 생각이 들 정도이다. 10년 전, 5년 전의 상황이라고 본다면 이런 길을 어떻게 왔을까 할 정도로 가는 길 자체가 상당히 험하다. 그도 그럴 것이 진정한 오프로드 길을 1시간 30분 정도 오르는 산악코스이기 때문이다. 아마도 걸어 오른다면 올라가는 과정에서 기운이 다 소진되었을 듯하다.

옛날에는 사람들이 보이차의 주요 산지인 육대 차산과 거리가 너무 멀고

자순차 계열의 차를 크게 선호하지 않아 백앵의 차를 좋아하지 않았지만, 이곳은 애뢰산의 자순차 계열의 차들이 군락을 이루고 있는 곳이다. 군락이라고 하면 조그만 수풀이라 생각할지 모르지만 천만의 말씀, 차라리 밀림이라 표현하는 것이 나을 듯하다.

그 밀림 안에 있는 거대한 차나무를 10년간 계약을 한다. 여기의 셈은 참 특이하다. 1년에 한 번씩만 와도 1년 치 계산이다. 매년 한 번씩 10번이면 10년, 12번이면 12년을 꼬박 온 것으로 생각한다. 3년, 7년, 10년이 지나면서 그들의 마음을 얻어서 매년 새로운 고차수 나무를 계약했다고 한다.

2018년 4월 15일부터 23일까지 쾌활 보이차 정경원 대표의 안내로 8일간 그동안 가보지 못한 만전과 의방 그리고 남나산 옛길의 차산을 탐방하였는네, 마지막 3일은 이무 차산에서 도요타 랜드크루져 8기통을 소유한 정경원 대표가 직접 운전하고 달렸다.

중간중간 검문소를 통과하면서 저녁 7시에 임창에 도착하여 자라탕(한국에서는 용봉탕이라고 한다.)을 맛있게 먹고 호텔에 들었는데, 빈방이 없어 다시 백앵산과 조금 가까운 거리의 호텔로 이동하여 잠을 잤다. 다음날 8시 출발하였는데 백앵산 차산으로 바로 갈 수 없었다. 마침 며칠 전부터 차산의 공장 입구에서부터 도로공사를 하는데 산 위에서 도로공사를 하므로 옛길을 따라 올라가야 한다고 했다.

랜드크루져 8기통의 힘찬 동력으로 흙길의 험한 지형을 굽이굽이 돌면서 몇 개의 능선을 넘어갔다. 해발 1600미터 지점에서 잠시 옆으로 고개를 돌렸는데, 대변산 줄기에 마을이 보인다. 맹고 품종이 많은 지역이다.

계속 험한 능선을 돌다가 타이어가 펑크 나서 잠시 내렸는데, 저 멀리 무량산 능선을 보니 이렇게 멀고 험한 곳에 차나무가 있다는 것을 어떻게 알았을까하는 의문이 절로 생긴다. 타이어를 교체하고 계속 질주하여 도착한 곳이 도로 공사장의 마지막 현장이었다. 더 이상 차를 이용할 수 없어서 차를 놓고 걸어서 올라가려는데 정경원 대표가 오토바이를 가지고 왔다. 그 뒤에 타고 저 멀리 보이는 무량산 능선을 보고, 지도에서 위치를 가늠해가며 목적지에 도착했다. 이곳 차창이 바로 그동안 쾌활 보이차 백앵산 차를 만든 곳이다. 강한 햇볕을 받아 만드는 쇄청 과정을 통해 이 지역만의 기운과 차성

본산홍 차나무

을 지니게 된 차를 보니, 지역마다 다른 토양과 환경을 알아야 운남성 여러 지역에서 생산된 각 산지 차의 특성을 이해하고, 또 차를 이해하는 폭이 넓어질 것 같다는 생각이 들었다.

백앵산의 차는 자조차 계열이 많은 편이고, 마을마다 500년 이상 된 차들이 많이 분포해 있는데 고수차의 채엽은 대부분 3월 말경에 마치게 된다.

백앵산 2800년 차나무 흑조자

백앵산은 해발 2300미터이다. 마지막 길에서 만난 차창의 대표와 정경원 대표, 그리고 백앵산 차산 탐방에 동참한 김성원 씨와 이무에서 함께 온 중국인 한 분과 같이 2800년 고차수를 보러 갔다. 백앵산 최고 수령의 흑조차는 국가보호수이면서 채엽이 가능하다는 점에서 중국 내 최고 수령인 향죽청에 있는 3200년(국가보호수이면서 채엽이 금지되었다.) 차나무와 다르다.

2800년 흑조자는 매년 채엽 권리를 판매하는데, 2017년에는 쾌활 보이차 정경원 대표가 32만 위안(한화 5700만 원)에 낙찰받았다. 이 금액은 한국인으로서 고차수 단주(하나의 차나무) 최고가로 매입한 기록이다. 이 차나무에서 10명의 채엽자가 6시간 동안 생엽 94kg 채엽하여 쇄청 모차 21kg를 가지고 병차로 만들었다.

2018년에는 북경에 있는 중국인이 이 나무의 찻잎 채엽권을 43만 위안(한화 7600만 원)이 되었다고 한다. 현재 이 차나무의 주인은 옛날에 살던 집을 허물고 차나무 옆에 새로운 이층집을 지어서 살고 있다. 매년 신고가를 형성하면서 차나무 하나로 재산을 축적하고 있다.

2800년 차나무

1000년 흑조차 3그루가 하나의 나무처럼 형성되어 있다.

드론을 띄워 만난 고차수

백앵산을 오르는 옛길에서 드론을 띄워 경작지가 무너지지 말라고 심어 놓은 재배형 고차수를 만났다. 이런 고차수는 백앵산에 거주하는 이족(彝族)이 500년 전 전쟁을 피해 이주하여 해발 2400미터 일대의 야생차 씨앗을 받아서 거주지 일대에 심은 것이라고 전해지고 있다.

보이차를 즐기는 사람 중에서 고차수에 매력을 느끼는 마니아는 운남성 임창(臨滄) 지역의 빙도(氷島)와 서쌍판납(西雙版納)의 신(新)육대차산의 노반장에 관심을 가진다. 하지만 이번 여정은 저곳들 대신, 새롭게 부상하는 차나무의 보고로 여겨지는 백앵차산에, 남보다 한발 앞선 투자로 큰 성과를 이룬 쾌활 보이차 정경원 대표의 발자취를 함께 다닐 수 있어 좋은 경험을 했다.

차나무는 자연이지만 채엽이 과도할 경우 차엽에 대한 전체적인 충실도는 떨어진다. 이는 차꾼이라면 쉽게 수긍할 수 있는 부분이다. 백앵의 차엽은, 다른 지역의 차엽 가격이 오르며 유명해진 덕분에 주류를 고집하는 생산자들의 손길에서 떨어져 있을 수 있었다. 하지만 차엽 중에서도 약성이 강한 자조차 계열, 더 나아가 빙도 근방의 차엽들의 성질 등을 고려한다면 임창 지역 내에서의 고차수의 품성을 조금이나마 아는 차꾼들은 실상 궁금증이 생기지 않을 수 없을 것이다. 앞으로 이 지역의 발전이 궁금하다.

운남전홍(雲南滇紅), 운남성의 홍차

운남진홍

전세계적으로 사랑받고 있는 홍차는 완전히 발효시켜 만든 차이며 중국에서는 레드티, 서양에서는 블랙티라고 한다. 탕색과 우린 잎이 붉은 이유는 녹색의 찻잎이 발효를 통하여 붉은 색으로 변해 홍차의 특성인 홍탕홍엽을 형성한 것이다. 가공 방법에 따라 잎차형 홍차와 파쇄형 홍차가 있으며 잎차형 홍차는 향이 뛰어나기 때문에 차호에 우려 마시고 파쇄형 홍차는 맛과 탕색이 진해 티백의 원료로 사용한다. 홍차는 전 세계적으로 생산량과 생산 지역이 아주 광범위하다. 이 책에서는 중국에서 생산되는 유명 홍차의 종류를 위주로 설명하겠다. 중국에서 생산되는 홍차는 차의 품종이나 가공 방식에 따라 소종홍차, 공부홍차, 홍쇄차 등으로 나누어 구분하고 있다.

운남전홍은 운남 홍차의 총칭이며 전홍공부차(滇紅工夫茶)와 전홍쇄차(滇紅碎茶)가 있다.

전홍공부차는 찻잎의 싹이 크고 광택이 나는 검은색으로 금호(金毫)가 나 있다. 맛은 짙고 끝맛이 깔끔하다. 향이 그윽하고 탕색은 선명한 붉은 색이다.

전홍쇄차는 균일하게 찻잎이 잘려 있고 광택이 있는 검은색이다. 맛은 진하고 끝맛이 달고 신선한 느낌의 향이 난다.

오랜 역사를 지니고 있는 보이차에 비해 운남 홍차의 역사는 불과 50년 정도이나 생산량과 품질은 중국 명차의 이름에 누가 되지 않을 정도로 우수하다. 1938년 말, 운남 중국차무역주식회사가 설립되었으며, 회사에서는 사람을 순녕(순녕: 지금의 봉경), 불해(佛海: 지금의 맹해) 두 지역으로 보내어 홍차를 만들도록 했으며 처음으로 홍차 500담(擔: 1담＝50kg)을 제조해서 홍콩 부화(富華) 회사를 통해 런던에 판매(800펜스/파운드)했다. 그때 영국 여왕은 전홍공부차를 유리용기에 넣어 관상했는데 그 후 전쟁이 계속되면서 점차 사람들의 기억 속에서 사라졌다가 전쟁이 끝나고 50년대 후반부터 점차 회복되었다. 1987년 말에 이르러 운남성의 다원(茶園) 면적은 이미 200만, 연간 생산량은 78만담(擔)에 달했는데 그중 전홍공부차가 약 20% 차지했다.

03

부록

보이차의 이해
다양한 보이차의 세계
에필로그

보이차란?

보이차의 정의

중국 정부는 2003년 운남성 질량기술감독국 명의로 "보이차는 중국 윈난성의 일정 구역 내에서 자란 대엽종 찻잎으로 만든 쇄청모차를 원료로 하여 후발효 과정을 거쳐 만든 산차(散茶)와 긴압차(緊壓茶)를 말한다."라는 보이차의 정의를 발표했다.

2006년에는 '보이 생차'를 편입하여 보이 생차와 보이 숙차로 구분하며 보이차에 대한 정의로 새롭게 수정했다. 그동안 정부와 전문가들 사이에 의견 충돌이 있었지만 보이차 포장에 '보이차(생차)'와 '보이차(숙차)'를 표시하고, 차 만드는 과정에서 숙차에는 후발효 진행을 명확하게 하도록 지도할 것을 강조하여 2008년 《지리표지산품 보이차》 국가 표준을 제정, 그해 12월 1일부터 시행하였다.

시간이 빚는 맛과 향

시간 개념에서의 월진(越陣)

보이차는 보관 상태만 좋다면 시간이 지날수록 좋은 맛을 낸다. 하지만 약리 효과(비만억제, 심혈관질환 예방 등 건강에 도움을 주는 것)는 다르다. 어느 정도까지 묵혀야 보이차의 약리 효과가 최고조에 이르는지가 월진과 관련한 가장 중요한 포인트다. 오래둘수록 맛있다고 알려진 보이 숙차(熟茶)의 경우에는 5-10년 된 차가 가장 효능이 좋다. 오래 두면 맛은 좋아질지 모르지만 건강에는 그다지 도움이 되지 않는다는 뜻이다.

하지만 월진이 없다면 보이차가 아니다. 월진은 '보이차 안의 물질이 분해되어 건강에 좋은 성분으로 바뀌는데 필요한 요소가 바로 시간'이라는 개념이기 때문이다.

월진은 보이차를 다른 차들과 구별하는 보이차만의 특징인 동시에 보이차가 가지고 있는 중요한 가치 중의 하나이다.

우아한 향기를 낳는 월향(越香)

보이차의 향기는 품질을 결정하는 중요한 성분이다. 갓 가공되어 나온 보이생차(生茶)의 향기는 청향(淸香)이며, 대부분 휘발성이 강한 알코올(alcohol)류, 에스테르(ester)류, 탄화수소(hydrocarbon)류, 산(acid)류 등의 성분으로 구성되어 있다. 하지만 후발효가 진행되면 점차 청향에서 진향(陳香)으로 바뀌게 되는데, 이는 시간이 흐르면 보이차 향의 성분도 변한다는 것을 의미한다.

진향은 보이차의 품질을 결정하는 중요한 향기 성분으로 발효 과정 중 습열작용이나 효소 등의 영향으로 새로운 물질이 생기거나 본래의 향기 성분이 휘발되고, 여러 가지 방향 물질이 종합적으로 작용하여 생성된 복합적인 향기다.

월향(越香)은 시간이 흘러 생기는 보이차의 향기만을 뜻하지는 않는다. 월향은 곧 보이차의 품질을 상징한다. 품질이 나쁜 보이차에서 좋은 향기가 나는 것은 절대 불가능하다.

보이 생차와 숙차

보이 생차의 살청

보이 생차를 만들 때 1차로 찻잎을 채엽한 후 가열처리하여 산화효소를 실활(失活)시켜 유념하고 건조하는 공정이 중요하다. 학술적으로 산화효소를 실활시키는 공정을 살청(殺靑)이라고 한다. 그런데 이 과정은 비발효차인 녹차와 같다. 때문에 쇄청모차가 곧 녹차라는 논쟁도 있다. 하지만 녹차와 제조 과정과 같다하여 녹차와 보이차를 같은 차라고 말할 수는 없다. 이유는 바로 앞에서 말한 "시간 개념에서의 월진" 때문이다. 녹차는 초청(炒靑: 가마솥에 여러 번 덖는 것)으로 만들어 지고, 가공 후 찻잎 속의 수분이 4% 전후로 산화를 원천적으로 방지한 것이지만, 보이차는 쇄청(晒靑: 햇볕에 말림)으로 찻잎 속의 수분이 10% 전후가 되도록 해서 후발효의 여지를 남겨둔 것이다.

보이 숙차의 변화

청병이 소비자의 입맛을 달구었다면, 1972년 이후 보이차의 맛이 절정에 달하는 시기를 앞당기기 위해 인공발효 기법을 이용한 숙차가 개발되었다. 과거 보이 생차와 숙차가 각각 시장에서 차지하는 비중이 5:5였다면, 최근 동향으로는 기업에 따라 4:6, 3:7로 오히려 숙차의 비중이 높아지는 추세다. 이는 생차는 구입 이후 소비자가 어떤 환경에 차를 저장하느냐에 따라 맛과 향이 달라질 수 있는데 비해, 숙차는 각각의 기업이 제조 수준에 따라 잘 완성해 놓은 차의 수준이 오래도록 달라지지 않고 안정적으로 유지되기 때문이다. 다만 생차가 잘 발효됐을 때에 비해 맛이나 향이 떨어지는 경우도 있어 최근에는 완전한 고차수는 아니라

1996년 7572

도 70년 전후의 좋은 차를 원료로 숙차를 만드는 추세다. 이런 OEM 형태의 유통은 홍콩이나 대만에서의 주문이 중심인데, 이는 이미 30년 전부터 존재하던 방식이므로 우리가 알고 있는 차 중에도 이러한 종류가 꽤 많다.

숙차 가운데 대표적인 것은 1997년 궁정보이숙차(1997年宮廷普洱熟茶).

중국 역사와 함께 쓰인 보이차

청나라 시대, 보이차는 공차(貢茶)[1]로 선정되면서 황실 귀족이 즐겨 마시는 차로 인식되었다. 그러다 민간에 넓게 퍼진 것은 청나라 말기인 1890년대 초, 공차제도가 막을 내린 후이다. 보이차를 이해하는데 도움이 되고자 각 청나라 이후 보이차의 시대별 특성을 구분하였다.

호급차(號級茶), 1900~1950

일반적으로 호급 보이차는 1950년대 이전에 생산된 차로 규정하고 있지만, 근대 보이차에서 언급하는 호급 보이차는 1900~1960년대까지 생산된 보이차를 말한다. 1950년대 이전에는 국영 차창이 없었기 때문에 모든 차를 개인 차창에서 만들었다. 이렇게 생산된 보이차는 생산된 차창의 이름을 따서 명명하고 이름 뒤에 호(號)자를 붙였는데, 이를 통칭해서 부를 때 호급 보이차라고 한다. 1950년대, 중국 정부에서 운영하는 국영 차창이 생기고

---

1) 공차(貢茶) : 나라에 진상하기 위해 만든 좋은 차.

인(印)급의 보이차가 생산되지만, 한편으로는 그 시기에도 호급 보이차가 일부 계속 생산되었다. 1950년대 이후에 생산되었어도 개인 차창에서 만든 차는 시중에 유통할 때 호급 보이차로 인정했다. 때문에 생산 시기로 구분하는 것에는 모순점이 있어 생산 연대를 1960년까지로 규정하였다. 동창황기(同昌黃記), 백지건리정송빙호(白紙乾利貞宋聘號), 사보공명(思普貢茗), 맹경호(猛景號), 복록공차(福祿貢茶) 등이 1950년대 이후에 생산된 대표적인 호급차이다.

1910년대 진운호

인급차(印级茶), 1950~1970

인급(印级) 보이차는 1950~1970년대 초반까지 생산된 보이차를 말한다. 보편적으로 이름 뒤에 인(印)자를 붙인 차만 인급차로 규정하지만, 김경우 저자가 ≪골동보이차의 이해≫에서 이야기한 시기 구분에 상당히 현실적인 근거가 있기에 다음과 같이 전제한다.

"여기서는 이름과 상관없이 생산 시기로 구분하였다. 그 이유는 1950년대 말에서 1970년대 이전에 생산된 광운공병이나 1970년대 초반에 생산된 팔중황인, 소황인 등, 숫자급 보이차 이전에 생산된 차들은 인급 보이차로 구분하는 것이 합당하기 때문이다.

1950년대 이후에는 신 중국이 건국되면서 모든 찻잎의 관리와 차의 생산을 국가에서 통제하게 되며, 개인이 보이차의 생산을 마음대로 할 수 없게 되었다. 이후 개인 차창에서 생산하는 대부분의 호급 보이차는 역사의 뒤안길로 사라지고 홍인을 시작으로 인급 보이차가 생산된다. 하지만 1960년대 전후까지는 인급 보이차도 생산되지만, 마지막으로 일부 호급 보이차가 생산되었다."

인급 보이차는 호급 보이차와는 달리 매 편마다 종이로 포장하였다. 호급 보이차는 종이에 싸지 않은 것이 특징이라면 인급 보이차는 종이 포장을 한 것이 특징이다. 인급 보이차가 생산되면서 무지홍인을 제외한 모든 보이차는 포장지에 싸서 유통하였다. 그러나 일부 보관 과정에서 종이가 손상된 경우, 포장지를 벗겨내고 유통한 보이차가 국내로 수입되어, 포장지 없이 유통된 홍인, 홍인철병, 람인, 람인철병 등도 있다.

칠자병차 시대: 1967~2004년

1972년 6월 〈성차엽진출구공사〉와 〈성토축산진출공사〉가 합병되면서 운남성 차엽의 수출을 전담하는 〈중국토산축산진출구공사 운남성차엽분공사〉가 만들어졌다. 이때부터 중차패원차라는 인급차의 시대는 사라지고 운남칠자병차라는 이름을 가진 근대 운남칠자병이 시작되었다.

국영기업 민영화제도: 2003년 이후

중국의 국영기업 소유권 개편 조치로 외부 민간자본이 들어오면서 2004년 4월 처음으로 하관차창이 경매방식으로 민영화 되었다. 10월에는 맹해차창의 소유권이 민간기업으로 이전 되었다. 맹해차창의 주력 상품은 '대익(大益)' 이라는 브랜드인데, 차 시장에서 매우 강력한 경쟁력을 갖고 있다.

운남성에는 중국 보이차 생산 기업이 집중적으로 모여 있다. 현재 맹해차창, 하관차창, 보이차집단, 용생집단, 리명차창 등 5개 차창을 중심으로 해만, 랑하, 쌍강맹고, 우림 등의 신생 기업들이 빠른 속도로 발전하고 있다. 수출이 증가하면서 2003년부터 2007년 봄까지 호경기를 누리며 중국과 한국에서 보이차 투기 열풍이 대단하게 불었다.

하지만 2007년 가을부터 거품이 붕괴되어 2009년 가을까지 불황을 맞았고, 이를 견뎌내면서 차츰 보이차의 수요가 증가하고 있다.

행복을 저축하는 보이차

보이차의 연대에 대한 의견은 지극히 주관적일 수밖에 없다는 점을 먼저 밝힌다. 보이차를 좋아하고 즐겨 마시는 사람으로서 보이차가 왜곡되지 않았으면 하는 바람이다.

보이차는 오래 둘수록 깊은 맛과 향을 낸다. 하지만 반드시 오랜 숙성된 것만이 좋은 보이차인 것은 아니다. 골동보이차로 알려진 호급차(동경호, 경창호 등), 인급차(홍인, 남인, 녹인) 수준의 보이차를 마셔야만 보이차를 아는 사람이라고 할 수는 없다. 호급차, 인급차의 보이차를 마시지 않는다고 차를 잘 모르는 사람으로 비하해서는 안 된다는 얘기다. 예를 들어 말차를 마시는데 일본에서 전세되어 오는 고미술품 수준의 정호다완에 마시지 않는다고 차 맛을 모르는 사람 취급한다면 얼마나 우스운 일인가? 차를 담는 그릇에 따라 차 맛이 달라진다지만, 차인(茶人)이라면 차를 한 방향으로만 평가할 것이 아니다. 또한 어떤 종류의 차든 너무 오래되면 좋지 않다는 것도 생각해 봐야 할 부분이다. 사람들은 오래된 보이차에 대해 이러쿵저러쿵 말을 보탠다. 오래된 보이차의 공통점은 고유의 향과 맛이 순하고 담백하다는 것이다. 때문에 사람들은 오래된 차를 찾는다. 하지만 오랫동안 보이차를 즐긴 전문가로서 결론부터 말하자면, 이는 함부로 단정적으로 말할 것이 못된다. 오래 익힌 보이차와 비슷한 맛을 내는 새로운 방법이 이미 있기 때문이다. 이 보이차가 몇 년 된 것이라고 소개했을 때 정작 그 세월 동안 실제로 옆에서 지켜봤느냐고 되묻는다면 섣불리 대답할 수 없을 것이다.

차는 어떤 종류이든지 품질 좋은 건강한 찻잎으로 만드는 것이 가장 중요하다. 그리고 만들어진 차는 보관이 제일 중요하다. 훗날 보관 상태에 따라 차성의 품질이 결정되기 때문이다. 1983년 운남성 곤명 차공장에서 보이차를 미생물로 발효시키는 방법을 개발했다. 이 방법은 자연적으로 산화작용을 거치는 정통 보이차와는 달리 1차 가공한 찻잎을 퇴적(堆積)이란 공정을 거쳐 미생물을 통해 인위적으로 발효시켜 빨리 숙성되게 만들었다. 짧은 시간에 깊은 맛을 낼 수 있도록 새로운 방법을 만든 것이다.
일반적인 서민들이 보이차를 마시고자 한다면, 세월이 많이 지난 값비싼 보이차에만 눈을 돌릴 것이 아니라, 건강한 보이차를 구해서 집안에 두고 행복을 저축하는 것도 오랜 기간 차를 즐길 수 있는 방법 중 하나라고 생각한다.

보이차는 몸과 마음에 행복을 전하는 차임에 분명하다.

좋은 보이차 고르는 비법

보이차가 처음 알려질 때 월진월향 때문에 일반인들에게는 보이차가 신지의 대상이 되기도 했었다. 이는 차를 시작하는 사람들이 보이차를 접하는데 있어 약간의 장애요소로 작용하기도 했고, 곧 보이차에 대한 선입견으로 작용해 '보이차는 오래될수록 좋다'는 인식을 심어줬다. 그렇다면 최근에 만들어진 차는 어떤 기준으로 구입해야 하는가?

중국은 2006년부터 QS마크 제도를 시행해 오고 있다. 국가에서 품질을 보증하는 마크로 식품 공장에 허가제를 실시한 것이다. 품질 규격이 제도화되었고, 국가에서 보증하는 것이니 믿을 수 있다. 어떻게 구입하는 가는 개인의 선택이지만 처음 보이차를 시작하는 사람이라면 가격 부담이 적으면서 국가에서 인증한 QS마크가 있는 제품을 구입하는 것이 안전하다고 할 수 있다.

외형 특징

잘 만든 보이 생차의 공통점을 보면, 긴압된 상태의 표면에 부서진 잎이 없으며 매끄럽고, 윤기가 난다. 그리고 녹색이나 갈색이 아닌 검은 빛에 가까운 녹색을 띠고 있다. 이른 봄에 채엽한 잎으로 만든 고수차인 경우는 금호(金毫)가 잘 나타나 있다. 다음으로 긴압된 상태를 확인한다. 전통방식의 긴압이 아니면 기계 작업이기에 긴압의 정도가 적당한가를 살핀다.

향기와 맛의 특징

향기가 좋다면 좋은 맛을 예상할 수 있다. 좋은 보이 생차에서 느낄 수 있는 공통점은 향기가 깨끗하고 맑으며 청향이 난다는 것이다. 좋은 찻잎으로 만든 차는 숙성되지 않은 상태의 차라도 폴리페놀의 떫은맛을 기본으로 카페인의 쓴맛, 아마노산의 감칠맛을 입 안 가득 풍성하게 느낄 수 있다.

최소한 이러한 특징을 감안하여 국가에서 품질을 보증하는 QS마크를 참고하면 된다.

아울러 개인적인 감별능력을 충분히 가지고 있다면 큰 차창이 아니라도 개인이 만든 차에서도 좋은 차를 선택할 수 있는 안목이 발휘될 것이다.

20년 이상된 차의 특징

보이차에 대한 경험이 많아지면 직접 찾든 인연이 닿든 진년차(老茶)를 만나게 된다. 노차라고도 하는 이런 차는 만든 지 최소 20년 이상 지난 차를 말한다. 이런 차도 두 종류가 있는데 '골동보이차'의 저자 김경우 씨는, '20년이 지난 차에는 어느 정도 풋 맛이 없어지고 익은 맛(발효된 맛)으로 변해 있는 차가 있고 실온에서 20년을 보관해 지나온 세월이 의미가 없는 차가 있다'고 했다. 왜냐면 발효 정도가 미미하기 때문이다. 보이차는 전문적으로 온도와 습도를 맞춘 창고에서 창고 밖으로 나올 때 발효 정도가 결정되고, 창고 밖으로 나온 이후라면 맛이 고르게 자리 잡는 숙성의 단계로 본다.

진년차를 고를 때는, 조금 어려운 내용이지만 포장지를 벗기고 차의 외형을 봤을 때 찻잎의 크기가 균일한가, 찻잎의 색상에 윤기가 흐르는지는 먼저 확인한다. 다음으로 보이차의 전체 색상이 동일한지 차를 뜯어내었을 때 겉면과 속의 색상이 같은지를 확인한다. 그리고 냄새를 맡았을 때 곰팡이 냄새와 눅눅한 냄새를 구별하고 우려낸 엽저를 살펴보았을 때 균일한 발효 정도와 찻잎의 탄력 정도를 구별한다.

마시면 안 되는 보이차

한국 차 시장은 현재 매우 불황이다. 그럼에도 불구하고 거래가 많이 이루어지는 곳이 있다. 그곳은 바로 보이차 전문점이다. 이유는 여러 가지가 있겠지만 보이차는 정답이 없기 때문에 라고 하면 우문에 현답이라 하겠다.

보이차는 맛이 강하면 강한 맛을 내세우고 순하면 순한 대로 고삽미가 풍부하다. 또 그중에서도 '이런 것이 최고의 맛' 이라고 하는 부류를 이래저래 치켜세우며 불황을 모르고 번성해 나가고 있다.

필자는 여러 보이차를 만나고 다양한 경로를 통해서 수준별로 차를 시음해 볼 수 있는 기회가 많다. 필자의 직업상 어제도 오늘도 항상 '차꾼' 들을 만나고 있기 때문이다. 고마운 일이지만 이런 만남 중 가끔 난처한 경우가 있다. 그것은 마실 수 있는 상태가 아닌 보이차를 보는 경우라 하겠다. 일명 '백상이 생겼다' 고 하는 상태의, 차 표면에 허연 것이 전체적으로 심하게 낀, 습

(濕)을 많이 먹은 보이차를 보여주면서 '이거 마셔도 됩니까?' 라는 질문을 받게 되면 참으로 단시간에 설명키 어렵다.

차를 사이에 두고 사람과 대면할 때, 몸은 나와 그 사람 둘만 있을지 몰라도, 사실은 둘만 있는 것이 아니다. 차를 공급하는 이, 그것을 받아 판매하는 이들 간의 배려를 항상 염두에 두고 있기 때문이다. 따라서 개인적인 대면이라 해도 '이런 차는 마시면 안 된다'고 말을 섣불리 뱉을 수는 없다. 그 차를 공급한 사람이 있기 때문이다. 그래서 쉽게 만나 쉽게 말을 할 수 있는 경우는 어지간한 상황이 아니라면 드물다.

보이차의 노차를 취급하는 사람이 잘 몰라서 실수로 이런 차를 판매하는 것은 아닐 것이다. 다만 평소에도 약간 백상이 낀 정도의 차를 마셔왔기 때문에 조금 상태가 이상하더라도 문제가 없을 것으로 생각하고 있는 경우가 대부분이다. 이런 차를 먹었을 때 인체에 이상이나 부작용이 있는지에 대해 아직 과학적으로 보고된 적은 없다. 하지만 변질된 식품을, 정체가 불분명한 상황에서 '오래된 차가 맛이 더 좋다'는 주관적인 생각만으로 가족과 함께 하기에는 위험이 따른다.

현재 국내외 보이차에 대한 기록을 진행하는 사람으로서 지극히 개인적인 입장을 밝힌다면, 그런 차는 마시지 않는 것이 좋다. 필자가 운영하는 석우연담의 유입 키워드 가운데 최근에 자주 보이는 것 중에는 "보이차의 부작용", "보이차 어디에 좋은가", "보이차 곰팡이 몸에 좋은가" 등이 있다. 차도 식품이다. 때문에 정갈한 숙성이라는 것이 생각보다 힘이 들 때도 있다. 메주의 숙성과는 다르다. 씻어내면 되는 것이 아니라 씻어내면 차 맛이 없어진다. 차를 마시는 것은 보관과는 다른 일이다. 때문에 자신이 보관을 잘못한 보이차에 백상을 넘어 심한 곰팡이가 번져 있다면 당연히, 아낌없이 버려야 한다. 오래된 커피원두를 버리듯 때로는 과감해야 뒤탈이 없고 건강한 차 생활이 가능하다.

사진에 보이는 차와 같은 것은 가급적 마시지 않는 것이 좋다. 이 차는 보이차 7542로서 정품이었다. 하지만 보관이 잘못되어 일정한 습(습기)이 넘치면서 변질되어 가는 과정이다. 이런 상황이 진행되면서 곰팡이가 생긴다(절대로 숙성의 단계는 아니다). 보이차의 표면이 건강하지 못한 차를 맛있다고 하는 사람들도 있지만, 그런 경우 부작용은 사람들의 체질에 따라 다양하게 나타난다.

70년의 나이차, 대수차와 대지차

보이차 애호가라면 '고수차', '고차수', '야생차', '대지차'라는 단어가 익숙할 것이다.

그런데 '야생차'는 국가에서 금지하였기에 어떠한 경우라도 공개적으로 야생 찻잎으로 만든 차라고 말할 수 없다. 애초에 법적으로 찻잎을 채취할 수 없기 때문이다. 오래된 나무에서 채취한 찻잎으로 만든 차를 신비롭게 강조하려다 보니까 과거에는 야생차를 다른 차들과 자주 혼용해서 사용하기도 했다.

대수차(大樹茶)

기본적으로 수령이 100년 이상 된 것을 말하는데 현지에서는 고수차(古樹茶)와 같은 개념으로 설명하고 있다. 최근 대수차의 수요가 늘어나면서 사람이 관리한 대수차에서 찻잎을 채취해 양질의 차를 생산하고 있다. 완전한 야생차가 아니면 대수차라는 표현은 재배형 교목차와 같은 뜻으로 볼 수 있다. 보이차는 대부분 재배형 교목차와 개량종 관목차로 만든다고 보면 된다.

대지차(臺地茶)

인위적으로 조성한 다원에서 20~30년 내외 차수로 해발고도가 비교적 낮은 지역에서 재배되는 차이다. 현지에서는 경사면을 개간하여 심은 나무를 말한다. 모든 대지차가 관목이라고 할 수는 없지만 보통의 경우 대지차를 관목으로 볼 수 있다. 최근에는 대부분 관목을 심고 있으며, 대수차와 상대적인 개념이다. 재배되는 차는 같은 면적에서도 조밀하게 심기 때문에 비료와 농약을 사용하지만 봄 차를 생산할 때는 농약을 사용하지 않는 편이다. 가을 차는 비가 많이 내리는 시기에 생산되므로 비료와 농약을 보편적으로 사용하는 편이다. 그래서 봄 차가 가을 차보다 좋은 가격을 받고 있으며 완성된 차도 값이 비싸지는 편이다.

대수차와 대지차의 성분 특징

차 성분을 비교하면 아미노산 함량이 대수차가 대지차 보다 더 높다. 대수차에 비해 아미노산 함량이 부족한 대지차는 대수차 보다 화청소 함량이 더 높다. 그래서 수령이 오래된 차나무일수록 감칠맛을 더 많이 느낄 수 있고, 수령이 낮을수록 혀끝을 자극하는 쓴맛을 쉽게 느낄 수 있다.

보이차, 수집의 즐거움

차를 수집할 때 그 목적은 다양하
다. 경제적 여건을 고려하면서 평소
좋아하는 차를 여유롭게 즐기려는
경우가 있는가 하면, 순전히 투자
목적으로 수집을 하는 경우도 있다.
투자 혹은 음용을 목적으로 수집하
는 경우 모두 우리나라는 아직 초보
수준이라고 생각된다. 수십 년 후를
내다보고 보이차를 수집하는 경우라면 이제 시작이기 때문이다.

수집은 목적에 따라 꼭 나쁜 것은 아니다. 차를 즐기는 차인으로서의 기본은
수집과 음용이다. 이에 더해 평소 차를 마시면서 비교하는 습관을 가지는 것
이 좋다. 그러면서 국내외 차에 대한 정보를 계속 공유해야 한다. 차에 대한
투자는 무조건 오랫동안 소장만 한다고 되는 것이 아니다. 타이밍이 중요한

데, 음용이 전제되어야 높은 수준의 차를 소장할 수 있는 안목이 생기고, 기회를 잡을 수 있기 때문이다.

하지만 목적이 단순 투자라면 이야기가 달라진다. 어떠한 경우라도 차만큼은 음용이 배제된 맹목적인 투자는 있을 수 없다고 보기 때문에, 음용 없이 투자만을 목적으로 한다면 이미 차인이 아니라고 할 수 있다.

물량을 확보하는 목적의 수집이 아니라면 좋은 여건에서 잘 만들어진 차를 최소한 두 통씩, 혹은 한 건(1건 = 6통 : 7편 × 6통 = 42편)씩 마련하여 평소에 즐길 수 있도록 하는 것이 좋다. 그리고 와인과 마찬가지로 차 생산지와 연도별 작황을 기록하여 보관하는 것이 좋다. 세월이 지날수록 변화하는 맛을 음미해보면 차를 마시는 즐거움이 한층 더해질 것이다.

1965년 이전에 만든 조기광운

숫자로 쓰인 보이차

1976년 운남성 차엽공에서 곤명, 맹해, 하관, 보이차창에 보이차 번호를 사용하도록 하는 공문을 보냈다. 이로써 20세기에 중요한 '표준화 작업' 이 이루어지게 되었다. 보이차에 식별부호를 부여한 것은 수출을 위해 필요한 조치였다.

분류 번호의 원칙

운남성 차엽공사에서 회의를 열어 네 개의 차창에서 생산되는 차에 번호를 부여했다.

공통적으로 산차(散茶)의 번호는 다섯 자리, 긴압차의 번호는 네 자리였으며, 마지막 번호는 차창을 대표하는 것으로 1번 곤명차창, 2번 맹해차창, 3번 하관차창, 4번 보이차창으로 분류하였다. 기타 공장에서 생산되는 차는 곤명차창 번호를 사용하고 곤명공장을 거쳐 수출했다.

분류번호의 적용 사례

예를 들면, 7572는 75년 생산, 7등급 차로서 2공장(맹해차창)에서 만들었다는 의미다.

차창 별로 대표적인 숫자 보이차는 다음과 같다.

곤명차창	7571, 75671, 75071, 78081, 78091, 78101 등
맹해차창	7572, 7532, 7542, 8582, 8592, 79562, 79072 등
하관차창	7663, 7653, 7633, 7643, 8653, 8663, 76563, 76073 등
보이차창	77074, 77084, 77094, 77104 등

병배차(몇 가지 등급의 모차를 섞어 만든 차)는 가장 높은 모차의 등급을 사용하거나(7681), 중간 모차의 등급 수를 썼다(7542, 8582), 산차는 75671처럼 다섯 자리를 수를 번호로 사용했다. 7532는 7542보다 등급이 놓은 찻잎으로 만들었다. 7572는 1970년대 초부터 맹해차창에서 출시한 숙차 계열의 차다. 찻잎은 3등급에서 8등급 차창을 섞어서 발효도가 높은 차다.

어떻게 저장하는가,
어떤 차가 저장 되는가

차를 만들고 저장하는 방법에 따라 다음과 같이 분류할 수 있다.

제다 방법

생차(生茶)와 숙차(熟茶)로 구분할 수 있다. 생차는 자연 발효차이고 숙차는 인공, 속성 발효차이다. 최근에는 반생반숙(半生半熟)으로 만든 것도 하나의 분류로 구분하기도 하지만 필자는 기본적인 제다법의 본류에 포함시키지는 않는다.

반생반숙

생차와 숙차를 배합해서 만든 것이다. 보통 생 30%, 숙 70%의 비율로 많이 만들지만 비율을 50:50으로 하여도 무방하다. 문제는 발효도에 있다. 숙차를 만들 때 절반쯤 발효된 상태에서 멈추고, 나머지 절반은 생차처럼 자연상태에서 발효가 진행되도록 하면 이것을 반생반숙이라 한다. 상당히 어려운 작업 방식이다. 이론적으로는 가능해 보이지만 현장에서 작업 과정을 지켜

보면 1톤이 넘는 찻잎 무더기의 발효도가 50%인지 적확하게 측정할 수가 없다. 그래서 요즘은 발효도를 경(徑)발효, 중(重)발효, 전(全)발효로 구분하기도 하는데 악퇴미를 줄이려고 70~80% 정도로 증발효시켜서 만든 차를 2, 3년 저장했다가 시중에 유통하는 경우도 있다.

저장방식

건창차 – 자연적이며, 천연상태의 저장 공간에서 묵힌 차.(상대습도가 75% 이하의 창고에서 보관되었다면 상황에 따라 건창차로 볼 수 있다)
습창자 – 인위적으로 고온고습 환경을 만든 창고에 차를 입창하여 발효를 촉진시킨 차.

3g과 5kg 사이,
모양이 만드는 보이차

산차(散茶)

입차 모양으로 찻잎이 서로 흩어진 형태의 차이다. 녹차, 무이암차 등은 산
차 형태로 저장하고 유통한다.

긴압차(緊壓茶)

산차를 일정한 모양의 틀 속에 넣고 고온의 증기로 압착하여 만든 것이다.
모양에 따라 여러 가지 형태가 있지만 대표적인 것은 다음과 같다.

❶ 병차(餅茶)

옹정 13년(1735)에 조정에서는 운남에서 생산되는 보이차를 규격화하였다. 둥근 떡 모양을 하고 있어 떡 차라고도 했으며 표준 규격은 357g이다. 그 외 상품이나 기념병의 용도에 따라 500g, 1kg, 2kg, 3kg, 5kg 등의 규격으로 상품화 되어 있다.

❷ 전차(磚茶)

벽돌모양의 직사각형이고, 표준 규격은 250g이지만 500g, 1kg, 2kg 등의 규격으로 제작된다.

❸ 긴차(緊茶)

민국 원년(1912년) 운남성에서 생산되었던 심장 형태에 기중이 있는 차이다. 일명 버섯차로도 부르며 끝에 손잡이처럼 기둥이 있다. 포장할 때 차 사이마다 간격이 있어 지속적인 통풍이 이루어져서 장거리 운송 중에도 매변(곰팡이)이 생기지 않는다.

❹ 금과공차(金瓜貢茶)

청 옹정 7년(1729) 황실에 진상되었다는 금과공차는 모양이 사람과 비슷하여 '인두차'나 '보이단차', 또는 참외 같이 생겼다고 하여 '금과차'라 불렀다. 규격은 500g, 1kg, 3kg, 5kg 등이 있다.

❺ 방차(方茶)

네모 모양으로 만들어진 차다.

❻ 타차(沱茶)

형태는 동그랗고 안쪽이 움푹 들어가게 만든 차로 100g, 250g 등으로 만들어진다.

❼ 소타차(小沱茶)

소비자의 편의를 위해 휴대하여 마시기 편하도록 3-5g으로 형태를 아주 작게 만든 것이다.

굳혀먹는 보이차, 보이차고(普洱茶膏)

보이차고는 당나라 때 시작되었으며, 기본적인 차고(茶膏) 제작방법이 발전하면서 오늘날까지 내려오고 있다. 당나라와 송나라 때 차엽 표면에서 응고된 차고를 발견하였다는 기록이 있으나 지금처럼 순수한 차고는 아니었다. 송나라의 차문화는 당나라에 비해 큰 발전을 이루었다. 제다법 역시 비약적으로 발전해 찻잎의 채엽부터 제다, 포장, 운송, 진공 등 모든 방면에서 세밀한 규정이 생겨났으며, 차의 이름을 짓는데도 세심한 주의를 기울였다. 송나라의 제다 기술자들은 찻잎의 고화현상을 비교적 중시하였다. 그들은 찻잎 속에서 나오는 '고(膏)'를 차 속에 들어 있는 최고의 진품(珍品)으로 여겼다고 한다.

보이차고(茶膏) :

남 대엽종 차나무의 잎을 원료로 열을 가하여 가공을 거친 후, 찻잎에서 차즙을 분리하여 고체 형태로 굳힌 제품이다.

고수차로 만든 보이 숙차

운남에서 특정 지역을 떠나서 대부분 고수차가 인기를 끌고 있는 것이 사실이다. 고수차가 인기를 끌면서 보이 숙차도 고수차로 만들었다는 차들이 시중에 나오고 있다. 한국에서 이런 말을 들으면 이상하게 들릴 수도 있다. 고수차가 비싸다는 선입견 때문에 생긴 일이다.

중국의 차산지를 다니다 보면 좋은 원료로 만들면 당연히 차 맛도 좋은 것이 분명한 사실이다. 그러므로 차를 만드는 사람의 입장에서 좋은 원료를 사용하여 숙차를 만들고 싶은 욕구가 생기게 된다. 단순히 비즈니스 상황이라면 어려운 결정을 내려야 하지만, 기본적으로 좋은 차를 생산하고자 하는 상인은 좋은 원료로 숙차를 만들고자 한다.

숙차는 일차로 가공이 완료된 쇄청모차를 이차 가공, 즉 발효 과정을 거쳐서 다시 만든 차라고 할 수 있다. 그래서 보이차는 두 가지로 나누어진다. 즉 일차 가공이 끝난 쇄청모차는 보이 생산차라고 하고 그것을 각종 형태로 만들면 보이 생차가 되는 것이다. 그리고 발효라는 또 다른 과정을 거치면 보이 숙산차가 되고 같은 방식으로 여러 가지 형태의 보이 숙차가 탄생한 것이다. 고수차도 마찬가지로 발효라는 과정을 거쳐서 숙차를 만들 수 있다. 그런데 고수차는 생차 그 자체로 향기도 좋고 회감도 좋으며 가격 또한 좋으므로 굳이 숙차로 만들 이유가 있을까라는 의문이 생긴다. 더구나 발효라는 과정을 거치면 고수생차 특유의 향기 등이 소실될 우려가 있고, 일반적으로 숙차는 시장에서 고수생차보다 가격이 낮게 형성되기 때문에 원가 부담을 감당하기 어려운 면도 있다. 그런데 왜, 어떻게 고수차로 만든 숙차들이 시장에 생산이 되고 있는 것일까? 그 이유는 바로 고수차의 지역별 가격에 있다. 고수 원료라고 해서 모두 비싼 것은 아니다. 아직은 덜 알려진 지역이나 변경 지역, 그리고 봄 차 보다는 여름 차, 가을 차 등은 상대적으로 매우 저렴하기 때문에 이러한 원료를 사용하여 고수차를 만들면 원가 부담을 줄일 수 있다. 이것이 바로 고수차 숙차가 존재할 수 있는 이유이다.

중국 차 시장에 한국인으로 도전하고 있는 오운산에서 2016년과 2017년에 출시한 차가 바로 이러한 종류이다. 오운산에 모차를 제공하는 경일차창의 경우는 매년 고수차를 만들고 어중간하게 남은 차들로 숙차를 만든다. 필자가 경일차창 공장에서 시음해본 결과 평소 숙차에서 나타나는 숙미 때문에 약간의 거부감을 가졌다면 그런 차들에서는 거북스런 숙미가 아니라 맑은 숙미가 나는 것을 확인할 수 있다.

최근에는 숙차 제조법이 많이 대중화 되면서 좋은 원료로 숙차를 만드는 차창들도 있다는 점을 알리고자 한다. 변경 지역인 미얀마의 가을 고수차와 포랑산 지역의 여름 고수차 원료를 사용한다. 그래도 시중에 나와 있는 대부분의 숙차 즉 대지차 원료를 사용한 제품보다는 가격이 비쌀 수밖에 없다.

현재 일반적인 숙차 원료로 사용되고 있는 대지차 원료는 일반적으로 대지차 중에서도 등급이 낮은 원료를 사용한다. 대지차도 고급과 저급으로 나눌 수 있는데 고급은 주로 생차로 생산하고 숙차는 발효 과정에서 찻잎이 파괴되기 때문에 기계로 채엽한 원료나 수령이 낮은 찻잎을 많이 사용하게 된다. 그래서 발효라는 제조 과정을 한 단계 더 거쳐서 생산되는데도 대형 차창에서 출시되는 비슷한 생차보다도 가격이 오히려 저렴한 것이다. 그리고 숙차는 발효를 시켜서 출시하기 때문에 경년신차(經年新茶) 즉 세월이 흐르면 매년 새로운 맛으로 다시 태어나는 보이차 고유의 특질을 제대로 살릴 수 없는 문제도 있다. 물론 숙차도 세월이 흐르면 거풍이 되면서 점점 맑아지고 맛 또한 좋아지기는 한다. 그러나 쾌속 발효차의 한계성이 있을 수밖에 없고 생차가 진화하면서 생기는 화려한 변화에 빗댈 수는 없다.

이러한 모든 상황을 고려하면 보이 숙차의 가치는 도대체 어디에 있는 것인가란 생각이 들 수도 있겠다. 하지만 숙차의 개발은 보이차의 역사에서 하나의 신기원이라고 할 수 있다. 보이 숙차가 보이차를 운남성 소수민족들만 즐기던 차에서 대중차로 나아가게 한 계기라는 점은 누구도 부인할 수 없는 사실이다.

더구나 중발효 위주로 진행됐던 대중차로서의 속성 발효기법은 이제 경발효로 진행이 되면서 생차가 가지는 노차의 매력이라는 영역까지 넘보려 하고 있다. 시간을 줄여주는 의미로서의 경발효 숙차들은 이미 만들어져서 이제 즐길 수 있는 시즌이 점점 가까워져 오고 있다. 이 경발효 숙차들이 보여줄 맛은 앞으로 차가 어떤 방향으로 개발되고 또 새롭게 변화할 것인가도 함께 보여줄 것이다. 대중화라는 의미, 그리고 차인들의 입맛을 어떻게 사로잡을지도 기대가 된다.

봄차 시세

2017년 3월 15일부터 23일까지 임창지역과 이무, 포랑산을 돌아보며 신차 가격이 크게 상승하고 있다는 것을 알게 되었다. 하지만 3월 23일까지는 각 지역별로 차가 생산되지 않았기 때문에 정확한 신차 가격을 알 수 없었는데, 4월 초 실제 중국 운남성에서 거래되고 있는 고수차 가격을 최해철 대표가 멍하이 일기를 통해 알려 왔다. 그 내용을 전제하면 다음과 같다.

"맹해 매년 봄이 되면 신차 가격을 묻는 사람이 많다고 첫물차 가격을 이 작년보다 높게 형성되어 관망하던 차상들이 많았는데 생산량의 감소로 점점 가격이 올라가서 더러는 올해 생산을 포기하고 올라가는 차상도 있습니다. 그러나 대부분은 생산량을 줄이는 쪽으로 결정하여 지금은 수매를 서두르고 있는 모양입니다. 올해 산지 가격을 묻는 분들이 많아서 대표적인 지역의 모차 가격을 1kg 단위로 현실 그대로 소개해 드리겠습니다. 노반장은 혼짜이(混在)라고 부르는 대수 소수가 섞인 차는 120만 원 전후, 순료고수는 160, 단주(수령이 오래된 차나무를 따로 구분)는 200-300정도에 거래되고 있습니다."

빙도노채	혼재차 500, 순료고수 700, 단주 1000
빙도(지계,남박)	혼재 50, 순료고수 80, 단주 100-200
빙도(패왜,나오)	혼재 30, 순료고수 50, 단주 80-150
석귀	순료고수 80
만송	소수 40, 순료고수 600
박하당	순료고수 400
이무괄풍차왕수채	순료고수 80
이무마흑채	순료고수 35
이무낙수동	순료고수 30
노만아	순료고수 40
신반장	순료고수80

위에 공개한 차(茶) 산지의 찻값을 기록하고자 하는 것은 무엇보다 기록물의 가치를 현실적으로 비교해 보고 싶은 마음에서다. 기록상의 가격은 매년 오르고, 또 실제 가격도 오르고 있다. 기록을 보고 비정상적이라고 펄쩍 뛰어도 현장을 가보면 사실임을 확인할 수 있다. 현실적으로 말이 안 되는 가격인 것 같은데도 실제로 저 가격에 거래가 되고 있는 것이다.

그런데 다른 지역의 거래가를 보면 같은 이름인데 현장 가격과 매우 다른 점을 발견할 수 있다. 터무니없이 싸다. 이는 지역에 따른 여러 가지 상호관계 때문으로, 가격이 싸니 그 차는 명백한 가짜라고 지적할 수는 없는 일이다. 말을 한다면 상거래법 위반부터 다른 제품에 같은 이름을 붙여 이익을 취하는 행위로 볼 수 있다. 그들의 상거래 특징은 원재료를 보여주고 그 안에 다른 것을 섞는, 젊잖게 말하자면 비슷한 차류를 병배하여 가격을 맞추어 거래하는 것으로 볼 수 있다.

보이차 거래의 증권거래소

중국의 대표적인 차 전문 기업을 살펴보자. 국영기업은 하관차창, 국영에서 민영화 되었지만 가장 규모가 큰 대익보이차, 포랑산의 노반장 마을을 혁신 시키고 보이 생차 가격을 상승시킨 진승차창, 고수차 바람을 일으킨 진미호, 후발주자이면서 가장 크게 일어나고 있는 우림고차방 등이 중국내에서 가장 눈에 띄는 회사이자 차를 만드는 대표 기업이다. 그런데 이런 기업에서 생산된 차라는 사실이 최고의 품질을 보장하는가 하면, 그건 조금 다른 이야기다. 기업이 크고 생산량이 많으면 지명도도 높은 것이 사실이지만, 차의 품질까지 보장하지는 않는다고 보는 것이 보이차를 깊이 알면 자연스럽게 알게 되는 현실이다.

그 큰 회사들이 상품을 유통할 때는 반드시 동화 사이트를 창구로 거친다. 보이차를 유통하는 가장 대표적인 루트라고 보아도 무방하며 매일 실시간으로 보이차가 거래된다.

우림고차방 진군일(陈军日) 부대표는 동화 대표이자 현재 중국내에서 가장 크고 규모 있는 보이차 거래를 주도하고 있다. 주문자와 판매자가 서로서로 자신이 원하는 가격을 제시하고 그 중간에는 거래 전담 직원 50명이 활동한다. 만약 동화에서 거래를 하려면 직접 동화에서 검사를 맡고 절차를 거쳐야 한다. 각 거래가 성사되기 전에는 반드시 동화에서 자체적인 검수를 진행한다. 그 과정에서 상태, 진위여부 등을 확인하는 꼼꼼함과 검사 항목에 대한 신뢰도가 중국내에서 가장 높아 절대적인 입지를 차지하고 있다.

중국내 보이차 상인은 매일 아침 이곳에서 어떤 차들이 거래되는지, 가격의 높고 낮음은 어떤지를 체크한다. 대익보이차 대형 소장가들도 자신이 소장한 차의 동향을 파악하기 위해 동화에서 검색을 한다.

동화 사이트는 2000년 이후 보이차 거래의 독보적인 존재로 자리매김했다. 현재 가장 많은 보이차를 생산하는 대익보이차(맹해차창) 입장에서는 후발주자인 동화에서 자신들의 상품이 거래되고 점점 시장을 독점해가는 상황이 좋을 리 없다. 대익보이차가 대형 소장가나 1급 대리상에게 동화 사이트를 이용하지 말 것을 당부하는 공문을 띄운 일은 유명하다. 하지만 현재 보이차를 거래하는 국내외 큰 상인들은 매일 거래되는 시세를 동화에서 확인할 수밖에 없다. 가품(가짜)에 대한 염려 때문이다. 자신이 가지고 있는 차의 진위여부를 알 수 있다는 것이 바로 동화 거래의 특전이다. 이러니 '대익보이차'나 대형 소장가들에게 있어서는 참으로 아이러니한 일이다. 결국 이들이 큰 거래를 할 수 있는 공개된 시장은 동화 사이트다. 왜냐하면 동화에서는 정품이 아니면 거래를 할 수 없고, 결국 매물로 나온 차들은 동화에서 거래되었다는 것만으로도 정품임이 보장되는 셈이기 때문이다. 하지만 기본적으로 동화 기업은 2차 시장(구매한 차를 재판매 할 수 있는 시장)인 만큼, 동화의 성공은 차를 만드는 회사나 소장가의 입장에서는 아이러니를 넘어 서로 입장 불편한 중국내의 유통 현실이 그대로 투영된 결과로 볼 수 있다.

동화는 보이차의 투명한 거래를 위해 마치 증권거래소 같은 중간유통을 담당하고 있으며 언제든 이곳에서 거래된 차들이 재거래까지 되는 주식시장 같은 곳이다. 앞서 말한 바와 같이 중국내의 시장유통과 그에 따른 가품의 양산 등의 이유로 생겨난 검증 구조라고 할 수 있다.

투자를 목적으로 한다면 중국에서 많이 유통 거래되는 차로 해야 할지 국내에서만 알고 있는 차들을 소장할 것인지에 대한 고민을 할 필요가 있다. 만약 동화 같은 거래 방법이 우리에게 적용된다면, 우리 차 시장에서 상인들이 자체 브랜드로 만들어온 고수차들은 훗날 공개적인 거래를 할 수 있을까? 하지만 보이차는 개인이 투자를 목적으로 하기에는 상당한 리스크를 안고 있기 때문에 필자로서는 크게 권하고 싶지 않다. 품질 좋은 차를 가족들이 나누어 마실 정도만 있어도 행복한 차 생활은 얼마든지 할 수 있다.

과연 동화는 혼돈 속의 보이차 시장에 있어서 새로운 패러다임을 견인할 수 있을까?
필자의 자문자답은 계속되고 있다.

에필로그

사람이 모여 산다는 것은 그곳에 사람을 모으는 무언가 있기 때문이다.

지역이라는 것은 바로 어떤 먹거리들이 끊임없이 생산되어야 하는 곳이다.

운남성은 차로 유명한 곳이다. 사는 사람들의 주요 먹거리는 곧 차(茶)다.

하지만 생산되는 것이 그것 하나뿐이라면 지역은 존재할 수 없다.

먹거리만 가지고 사람이 이동하는 것은 아니니까.

그래서 운남성 사람들을 가만히 들여다보기 시작했다.

누굴까. 그리고 어떻게 언제부터 살고 있었나. 중국의 대표적인 생산품이라는 차를

가장 많이 만들어 내고 그 중심에 있다는 운남성 사람들은 어떤 사람들이며, 무엇

을 먹고 살고 — 어떤 풍습으로 우리에게 보여질까.

우리가 그 곳에 가서 정말 보고 와야 할 것, 먹고 와야 할 것, 그리고 맛보아야만 당

연한 차는 어디에 가서 마실까 하는 총체적인 고민을 담았다.

테마★로 만나는 인문학 여행 ⑭

구 름 의 남 쪽 , 운 남 보 이 차 의 세 계

중국에 차 마시러 가자

1판 1쇄 인쇄 2018년 7월 25일
1판 1쇄 발행 2018년 7월 30일

지 은 이 박홍관
발 행 인 이미옥
발 행 처 J&jj
정　　가 16,000원
등 록 일 2014년 5월 2일
등록번호 220-90-18139
주　　소 (03979) 서울 마포구 성미산로 23길 72 (연남동)
전화번호 (02) 447-3157~8
팩스번호 (02) 447-3159

ISBN 979-11-86972-36-6 (03910)
J-18-05

제이앤
제이제이
www.jnjj.co.kr

D · J · I
BOOKS
DESIGN
STUDIO

D · J · I BOOKS DESIGN STUDIO

D·J·I
BOOKS
DESIGN
STUDIO

- Book • Character • Goods • Advertisement
- Graphic • Marketing • Brand Consulting

f FACEBOOK.COM/DJIDESIGN